CHRISTMAS WORDSEARCHES for Clever Kids

Buster Books

Puzzles and solutions
by Dr Gareth Moore
B.Sc (Hons) M.Phil Ph.D

Illustrations and cover
artwork by Chris Dickason

Designed by Zoe Bradley
Cover Design by Angie Allison
Edited by Suhel Ahmed and Emma Taylor

First published in Great Britain in 2019 by Buster Books,
an imprint of Michael O'Mara Books Limited,
9 Lion Yard, Tremadoc Road, London SW4 7NQ

 www.mombooks.com/buster
 Buster Books
@BusterBooks

A CIP catalogue record for this book is available from the British Library.

ISBN: 978-1-78055-654-3

2 4 6 8 10 9 7 5 3 1

Papers used by Buster Books are natural, recyclable products
made from wood grown in sustainable forests. The manufacturing processes
conform to the environmental regulations of the country of origin.

Printed and bound in October 2019 by CPI Group (UK) Ltd,
108 Beddington Lane, Croydon, CR0 4YY, United Kingdom

INTRODUCTION

Wordsearches are the perfect challenge for clever kids. This Christmas collection contains more than 2,500 words to spot in over 160 fun puzzles to do during the festive season. They're divided into four levels of difficulty, and get trickier as the book goes on.

Beneath each puzzle grid you'll see a list of words to find. Words may be hidden in the grids in any direction, including diagonally, and may run either forwards or backwards. Some of the words might even overlap and use the same letters. If you're unsure of what a word means you can always look it up in a dictionary.

When you find a word, mark it with a pen and then cross it off the list. If you get stuck, you can peek at the answer at the back of the book.

Some of the puzzles contain a phrase or a word written with punctuation. Ignore the spaces or punctuation marks and search for the letters alone.

Don't forget to fill in how long it takes you to complete each puzzle.

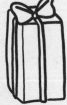

BEGINNER

PUZZLE 1: CHRISTMAS NAMES

```
J O S E P H H J
F T E C A R O L
A E L C E Y P I
I V Y V A E E A
T L E M A R Y L
H O L L Y Y G E
G A B R I E L O
S A L O H C I N
```

CAROL
EVE
FAITH
GABRIEL
GRACE
HOLLY
HOPE

IVY
JOSEPH
JOY
MARY
NICHOLAS
NOEL

 TIME ....

PUZZLE 2: CHARACTERS IN CHRISTMAS CAROLS

```
L  W  I  S  E  M  A  N
M  O  I  N  D  N  Y  E
A  S  R  E  P  I  P  A
S  E  I  D  A  L  A  R
T  S  S  U  S  E  J  M
E  Y  R  A  M  A  D  A
R  D  A  V  I  D  A  N
H  E  R  O  D  A  V  A
```

ADAM
DAVID
HEROD
JESUS
LADIES
LORDS
MAIDS

MARY
MASTER
PIPERS
WISE MAN

PUZZLE 3: PICTURES ON CHRISTMAS CARDS

```
B S N O W M A N
S E P A T N A S
E L R S I L T R
T E E R T V M O
E G S I I A Y B
D I E R G E R I
D F N R T H S N
Y T T Y L L O H
```

BERRIES   PRESENT   SNOWMAN
GIFT   ROBIN   STAR
HOLLY   SANTA   TEDDY
IVY   SLEIGH   TREE

PUZZLE 4: WORDS ENDING IN "I"

```
I  T  I  F  F  A  R  G
L  R  F  K  L  L  I  A
P  I  A  K  P  I  M  M
A  A  A  F  I  B  A  U
N  L  A  W  A  I  G  E
I  K  I  A  E  S  I  S
N  K  H  A  K  I  R  L
I  I  B  B  A  R  O  I
```

ALIBI　　　KIWI　　　PANINI
ALKALI　　MUESLI　　RABBI
GRAFFITI　ORIGAMI　SAFARI
KHAKI

PUZZLE 5: GASES

N	N	L	R	L	H	C	A
E	O	L	T	A	Y	H	R
G	T	N	H	D	D	L	G
O	P	E	E	O	R	O	O
R	Y	G	L	X	O	R	N
T	R	Y	I	R	G	I	O
I	K	X	U	L	E	N	E
N	N	O	M	E	N	E	N

ARGON   NEON
CHLORINE   NITROGEN
HELIUM   OXYGEN
HYDROGEN   RADON
KRYPTON   XENON

PUZZLE 6: ANIMAL NOISES

K	R	A	B	L	E	A	T
N	R	P	U	S	S	I	H
I	R	R	Z	M	N	M	T
O	U	I	Z	M	C	R	A
W	P	H	G	R	O	W	L
O	B	C	O	N	O	O	O
E	Z	A	S	R	A	O	R
M	K	K	A	E	U	Q	S

BAA
BARK
BLEAT
BUZZ
CHIRP
CROAK
GROWL
HISS

MEOW
MOO
OINK
PURR
ROAR
SNORT
SQUEAK

PUZZLE 7: TYPES OF FRUIT

```
A E N O L E M P
E N E M I L L E
G P A P P L E A
D M A N G O M C
A C P R A E O H
T G A E G B N N
E E G N A R O A
D H C H E R R Y
```

APPLE
BANANA
CHERRY
DATE
GRAPE
LEMON

LIME
MANGO
MELON
ORANGE
PEACH
PEAR

PUZZLE 8: SANTA'S GROTTO

```
N  R  S  S  O  N  T  T
I  E  T  E  D  S  O  S
C  I  N  I  V  S  Y  I
E  N  E  R  A  L  S  L
L  D  S  I  T  L  E  H
I  E  E  A  N  I  A  S
S  E  R  F  A  T  A  I
T  R  P  T  S  D  I  W
```

ELVES
FAIRIES
HATS
NICE LIST
PRESENTS

REINDEER
SANTA
TOYS
WISH LIST

PUZZLE 9: CHRISTMAS SERVICE

```
E R R N C M G N
R I A A A B L M
S E R C I G A Y
L O A B I S R H
L L L D S V Y O
E E P R I E S T
B S E L D N A C
R E Y A R P G C
```

BELLS   ORGAN
BIBLE   PRAYER
CANDLES   PRIEST
CAROL   READING
HYMN   VICAR
MASS

PUZZLE 10: PARTS OF A CASTLE

```
D U N G E O N L
R P A R A P E T
A H T A R P K Y
M C T A A C E E
P T P H O P E L
A I C T U M P I
R D R E W O T A
T T E R R U T B
```

BAILEY   MOAT
CHAPEL   PARAPET
DITCH   RAMPART
DUNGEON   TOWER
KEEP   TURRET

PUZZLE 11: SANTA CLAUS

```
C O M E T V I X E N
V D A S H E R S E E
H E N A H E A S B Z
P S P I C N E T E T
L O R N T V A N A I
O N A A L O C E R L
D D N E C U P I D B
U E C D R E N N O D
R R E S L E I G H Z
A R R E E D N I E R
```

BEARD   PRANCER
BLITZEN   RED COAT
COMET   RED-NOSED
CUPID   REINDEER
DANCER   RUDOLPH
DASHER   SANTA
DONNER   SLEIGH
ELVES   VIXEN

PUZZLE 12: SNACKS FOR SANTA

E	R	O	O	E	E	R	D	K	D
C	C	K	T	E	A	I	S	S	O
N	O	A	E	I	N	W	O	R	B
R	K	O	R	O	K	L	I	M	I
S	E	I	K	R	E	F	M	E	F
R	I	E	R	I	O	I	T	O	H
B	M	T	T	D	E	T	N	I	F
S	H	O	R	T	B	R	E	A	D
F	B	M	N	I	F	F	U	M	E
E	F	C	O	F	F	E	E	E	O

BROWNIE   MILK
CARROT   MUFFIN
COFFEE   SHORTBREAD
COOKIE   TEA

PUZZLE 13: CHRISTMAS SHOP WINDOW

S	S	L	E	G	N	A	R	W	S
C	R	S	K	C	I	T	S	S	N
A	N	E	S	T	A	H	L	L	I
R	H	U	E	S	G	E	R	I	U
F	S	S	R	D	I	E	T	G	Q
S	R	A	E	G	N	W	R	H	E
T	T	U	H	V	O	I	E	T	N
S	R	S	I	N	O	Q	E	S	N
T	A	G	S	T	T	L	S	R	A
Y	R	E	N	E	E	R	G	M	M

ANGELS	LIGHTS	SNOW
FRUIT	MANNEQUINS	STARS
GLOVES	REINDEER	STICKS
GREENERY	SCARF	TREES
HATS	SLEIGH	

PUZZLE 14: MAKE A COPY

```
P H O T O C O P Y H
T E R E P E A T E P
R M T T A E A M T A
A U T A T P I R A R
N L R E T M O O C G
S A A R I I L R I O
M T C C T W M R L T
I E E E P M G I P O
T W A R D E R M U H
V I D E O T E E D P
```

DUPLICATE   PHOTOCOPY   RECREATE   REPEAT
EMULATE   PHOTOGRAPH   REDRAW   TRACE
IMITATE   TRANSMIT
MIMIC   VIDEO
MIRROR

PUZZLE 15: CONSTRUCTION MACHINES

```
R E Z O D L L U B R
E R O L L E R U P E
P X T L R M M C A V
E S C R O Y E R V I
E E D A U A V A E R
W L A R V C D N R D
S U E L T A K E R E
T A M P E R T I R L
R O T C A P M O C I
P I P E L A Y E R P
```

BULLDOZER   PAVER   TAMPER
COMPACTOR   PILE DRIVER TRUCK
CRANE   PIPE LAYER
EXCAVATOR   ROLLER
LOADER   SWEEPER

PUZZLE 16: ROOT VEGETABLES

```
E O S R O N I O N I
I G I N G E R M L R
N P I C N A D A R C
G P I T O R R A C A
I A L N U R D R T I
S E R G S I I D U R
U R E L S R M E R E
I R R H I E A A N L
E P O A Y C Y P I E
C I R E M R U T P C
```

CARROT   PARSNIP
CELERIAC   RADISH
GARLIC   TURMERIC
GINGER   TURNIP
ONION   YAM

PUZZLE 17: SHADES OF ORANGE OR RED

```
N C T H A O T V E P
A I E R E E N E E T
I N A T O C I R P A
S N R A E I S M N N
P A O T S I M I H G
A B S N M E K L C E
N A E M L P N I A R
I R O O M I S O E I
S N N U O E R N P N
H I P T O R R A C E
```

APRICOT   PUMPKIN
CARROT   SPANISH
CINNABAR   TANGERINE
MELON   TEA ROSE
PEACH   VERMILION
PERSIMMON

PUZZLE 18: FAMOUS CLASSICAL COMPOSERS

```
T R A Z O M D I W A
I N I C C U P A B A
O L I S Z T G S E L
C H O P I N K U E L
L B E G E A N I T E
E Y R R R D K L H G
D R G O Y T C E O R
N D V A L D U B V I
A D H C A B L I E E
H E L G A R G S N G
```

ALLEGRI	ELGAR	MOZART
BACH	GLUCK	PUCCINI
BEETHOVEN	GRIEG	SIBELIUS
BYRD	HANDEL	WAGNER
CHOPIN	HAYDN	
DVORAK	LISZT	

PUZZLE 19: SNOWY ANIMALS

```
L M B I C E F I S H
F F L O W O R A R N
A C A H T L E A I F
L T O T R L E I A W
C N E R F S D P I A
O R L W O N R A B O
N X O F C I T C R A
N N L A E S P R A H
S C I E R M I N E O
A P O L A R B E A R
```

ARCTIC FOX	ICE FISH
BARN OWL	OTTER
DEER	POLAR BEAR
ERMINE	SNOW FLEA
FALCON	WOLF
HARP SEAL	

PUZZLE 20: BREEDS OF PONY

```
D G A L I C I A N N
A T Y H O L B W Y R
R E S I A A U N E D
T X H E S C O C N S
M M D U R P K A U F
O O T A H O L N A H
O O F S L H F R E I
R R L E G E O W R Y
I E D I L E S R E N
W S H E T L A N D N
```

BASUTO   HACKNEY
DALES   HIGHLAND
DARTMOOR   HUCUL
EXMOOR   NEW FOREST
FAROE   SHETLAND
FELL   WELSH
GALICIAN

PUZZLE 21: JOBS

```
R A T R D C E R T E
O R H E H D O E T N
T E O E A T E C A G
I E F T C C E S T I
D L C A C T H N A N
E R H R I O U E A E
R R C H R R D I R E
I E C T S E I I G R
T R E E L A W Y E R
A V G R C E E V T N
```

ACTOR	ENGINEER
ARCHITECT	LAWYER
CHEF	NURSE
DOCTOR	TEACHER
EDITOR	VET

PUZZLE 22: INSIDE A CRACKER

```
I  S  I  I  W  P  D  P  I  P
G  N  I  R  C  A  G  I  A  K
A  A  I  R  R  P  S  P  C  P
T  P  O  A  T  E  E  G  P  E
P  P  I  T  H  R  J  L  I  N
U  E  A  C  H  C  I  O  A  J
Z  R  C  A  C  L  Y  V  K  W
Z  Y  T  R  E  I  P  E  I  E
L  R  I  D  L  P  I  I  K  A
E  C  G  S  L  O  O  T  A  I
```

CARDS   PAPERCLIP   SNAPPER
DICE   PAPER HAT   TOOLS
JIGSAW   PEN   TRIVIA
JOKE   PUZZLE
KEYCHAIN   RING

PUZZLE 23: FROSTY THE SNOWMAN

```
B L Y Y D J O A F M
U N U T L Y M A R A
T D E O E L O I O G
T A A R S P O C S I
O B U N D Y M J T C
N A M T C L P U Y T
N L P F S E I P H Y
O L D S I L K H A T
S S E Y E L A O C H
E F I L O T E M A C
```

BUTTON-NOSE   HAPPY SOUL
CAME TO LIFE   JOLLY
CHILDREN   MAGIC
COAL EYES   OLD SILK HAT
DANCE   THUMPETY
FROSTY

PUZZLE 24: ADVENT CALENDAR

```
T G I F T S A I I T O T
W T S S R O O D O R C S
S A C I J R H Y W U O O
E U S S U A S E S O P M
R E I G E Y P T O F E E
U B Y T I F T A Y Y N S
T A O L R J O L I T I S
C C P X I T A O T N N A
I L X L E A R C C E G G
P U P O P S D O S W A E
T S E R S P S H R T Y X
J A F T I S S C E A A U
```

BOXES
CHOCOLATE
DAILY
DOORS
GIFTS
JIGSAW

MESSAGE
OPENING
PICTURES
POP-UP
TOYS
TWENTY-FOUR

INTERMEDIATE

PUZZLE 25: ICE SKATING TERMS

```
E A R D P L D P N O T P
L F F O A A A A M C X C
I Z O R N E U R L U R S
F L T C E F F U I O J Z
E L E L O E S T S P S C
S C C A A P S S F L S Y
S U R P I W O T R I S E
A P R N I V J Z Y K L T
H S Z T E L T V A L R I
C I T R U U F T L L E W
D T S E L R E M A D U S
A X E L P Y R T E A A L
```

AXEL	FREESTYLE	SKATE
CHASSE	JUMP	SPIN
CROSSOVERS	LIFT	SPIRAL
DANCE	LOOP	WALTZ
FLIP	LUTZ	

PUZZLE 26: MAKE YOUR OWN CHRISTMAS CARD

```
S  S  I  I  B  E  C  Y  S  T  N  I
L  S  S  S  C  I  S  S  O  R  S  T
I  S  T  S  S  C  R  A  Y  O  N  S
C  T  I  Y  R  A  E  N  L  N  Y  E
N  I  C  O  N  A  T  P  I  R  S  C
E  C  K  S  I  P  T  W  C  S  S  B
P  K  Y  Y  P  P  O  S  N  N  S  S
R  E  T  S  O  B  C  S  E  O  C  O
T  R  A  A  C  T  C  P  T  S  B  T
N  S  P  S  T  A  M  P  S  I  Y  N
S  A  E  P  S  S  N  O  B  B  I  R
B  R  E  P  A  P  E  U  S  S  I  T
```

BOW	RIBBONS	STENCIL
CRAYONS	SCISSORS	STICKERS
PENCILS	STAMPS	STICKY TAPE
PENS	STARS	TISSUE PAPER

PUZZLE 27: JAPANESE ZEN GARDEN

```
E L P A M K V L R A D S
L L A F R E T A W N A E
A O O O B M A B A A E L
C O N I F E R S E R L B
A L I A S N O B A E O B
R A S M O S S E V O P E
M E V E S E T A A W O P
E I V C B S R E E V L V
C M K I R G O K M B S O
A M C A R E C A O P E R
E R A A M B K R P E L A
P H A R M O N Y O I E E
```

BAMBOO	HARMONY	PEBBLES	SAND
BONSAI	MAPLE	RAKE	TEMPLE
CONIFER	MOSS	RIVER	WATERFALL
GRAVEL	PEACE	ROCK	

PUZZLE 28: THEY'RE ALL WINDOWS

```
E W O B E R U T C I P T
C I C S C L I A W M C W
U R U O C E F A E A E D
S I L L E R T O E C B A
C H U A E O I O E A L L
L R S N M O U S Y A C C
T S C I T E T I A C R W
E H T H G I L N A F H U
E C I T T A L L S G T W
C L D R L R E M R O D M
P O R T H O L E I H A F
O T P H S A S T A R R I
```

BAY   OCULUS
BOW   PICTURE
DORMER   PORTHOLE
FANLIGHT   SASH
FRENCH   TRELLIS
LATTICE

PUZZLE 29: GREEK ISLANDS

```
N C E P H A L O N I A S
M K K A L Y M N O S Z D
O I Z Y S O R Y K S M P
O K L K Y T H N O S S A
S T E O L A R S A M O S
S S P O S I H L S T H S
N O S O I R O E O E T O
R A N N L A D M D T N R
A I L I P K E N I E Y A
E M K N T I S O S R K P
I A O S S K N S M C A S
T A S N N N E H N O Z R
```

CEPHALONIA	KALYMNOS	MILOS	SKYROS
CRETE	KOS	PAROS	TINOS
IKARIA	KYTHNOS	RHODES	ZAKYNTHOS
IOS	LEMNOS	SAMOS	

PUZZLE 30: PIZZA TOPPINGS

```
R C E L P P A E N I P N
A M C H F M E A E L A I
L N O H E A O U V A N P
L P S R E R U N E O O E
E E R A B E B S S O A P
R E H N U G S S A T N P
A V E Z N S T E N A E E
Z I P N B Z A O U M K R
Z L M A H N I G T O C O
O O C A E N S E E T I N
M O Z G O H I G E R H I
N M U S H R O O M T C A
```

BACON   OLIVE
BEEF   ONION
CHEESE   PEPPERONI
CHICKEN   PINEAPPLE
HAM   SAUSAGE
HERBS   TOMATO
MOZZARELLA   TUNA
MUSHROOM

⏱ TIME ....

PUZZLE 31: TYPES OF SNOW

```
F D R I B P W L D Y W F
M I D E E D U T E R C R
A M S D E R L Y E H R I
S T S E E U L D S E I C
R D L E G B W U W H W E
H N E S S O L H A C E F
G D E T P S R I M E D F
T E T L M D E T S U R C
M D E K C A P Y I A H E
D R P S G N I T F I R D
E E I B L O W I N G B E
T T E F N E E D L E U C
```

BLOWING   PACKED
CRUSTED   POWDER
DRIFTING   RIMED
FIRM   SLEET
ICY   SLUSH
NEEDLE

PUZZLE 32: CHRISTMAS TREE DECORATIONS

A	L	L	E	S	N	I	T	T	L	L
Y	A	P	L	E	I	O	R	L	S	P	E
R	C	H	N	C	S	S	A	T	L	C	L
I	H	S	N	B	P	I	T	E	I	E	E
A	O	N	S	P	I	L	E	R	G	K	B
F	C	O	O	A	N	G	E	L	H	A	N
T	O	W	L	R	E	S	T	A	T	L	T
W	L	M	D	S	C	I	T	T	S	F	I
O	A	A	I	B	O	F	L	A	B	W	I
Y	T	N	E	C	N	N	A	E	R	O	N
N	E	C	R	N	E	L	A	W	E	N	W
N	O	B	B	I	R	D	E	M	W	S	N

ANGEL
BEAD
BELL
CHOCOLATE
FAIRY
LIGHTS
PINE CONE

RIBBON
SNOWFLAKE
SNOWMAN
SOLDIER
STAR
TINSEL

PUZZLE 33: RUDOLPH THE RED-NOSED REINDEER

```
O S E S O N B I B I R N
S W R O S E O R N E E S
E O S L E I G H I E H B
M L E S R S C N S I R E
A G I O L A D H N I A H
N A A H Y E G Y G G G H
N T N G E L R H E U C S
R N T R E I T E Y R A N
E A L E S N S G C L S L
O S E N Y H G I E A A L
O F R I E O O O N G L E
S L S E F G E H S I L L
```

ANTLERS   RECALL   SHINY
BRIGHT   REINDEER   SLEIGH
FOGGY   SANTA
GLEE
GLOWS
LAUGH
NAMES
NOSE

PUZZLE 34: THE CHRISTMAS STORY

```
O E S H E P H E R D S O
M K M E H E L H T E B R
A U R D A H E E S D R U
G L S J E S U S O E J N
I G M A N G E R P O E P
H A S E N N E E S T G O
P B H U A H E E M T X R
B R E I H K P A L E A M
E I E R N H R K N U B R
E E P N E Y X T R E R H
J L I N E R B L G R E E
E R H T E R A Z A N I A
```

BETHLEHEM
GABRIEL
HEROD
INNKEEPER
JESUS
JOSEPH
LUKE
MAGI
MANGER

MARY
NAZARETH
OXEN
SHEEP
SHEPHERDS
STAR

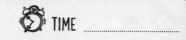
PUZZLE 35: CLASSIC DANCES

```
C L I M B O B H S I R I
B A O O M Y R Q C O O A
R O N M A E U U I C C A
E B L C C B M I G S K U
L H W E A E B C A I A M
B A A S R N A K B D N E
O N L G E O O S M G D R
D G T A N G O T A P R E
O R Z M A L O E S G O N
S A B I S N T P C T L G
A P M C A L Y P S O L U
P O E L F O X T R O T E
```

BHANGRA	IRISH	ROCK AND ROLL
BOLERO	LIMBO	RUMBA
CALYPSO	MACARENA	SAMBA
CAN-CAN	MERENGUE	TANGO
DISCO	PASO DOBLE	WALTZ
FOXTROT	QUICKSTEP	

PUZZLE 36: OLYMPIC SPORTS

```
N  G  G  N  I  L  I  A  S  N  O  V
L  N  W  A  T  E  R  P  O  L  O  O
L  I  A  T  H  L  E  T  I  C  S  L
A  C  P  E  S  E  N  O  G  O  C  L
B  N  O  D  N  I  D  I  N  D  I  E
T  E  L  R  M  U  R  T  I  N  T  Y
E  F  N  D  J  O  W  E  V  O  S  B
K  E  A  G  W  S  A  B  I  W  A  A
S  B  S  I  N  N  E  T  D  K  N  L
A  G  N  I  M  M  I  W  S  E  M  L
B  G  N  I  E  O  N  A  C  A  Y  E
O  G  N  I  T  O  O  H  S  T  G  G
```

ATHLETICS   ROWING
BADMINTON   SAILING
BASKETBALL   SHOOTING
CANOEING   SWIMMING
DIVING   TAE KWON DO
FENCING   TENNIS
GYMNASTICS   VOLLEYBALL
JUDO   WATER POLO

PUZZLE 37: WHAT'S IN A NAME?

```
N L A T I Y N O U N I E
Y T I T N E D I L T E N
P T D M N D Y H O L I P
S F H E D T E E G N T M
E A A A A M G L D A A Y
U M E A N L D M T M G N
D I I L A D A T A I M O
O L T I I A L R T N T N
N Y D A E E K E K N E A
Y M H S B M G L E B A L
M D T O G N H N O Y N U
G U E T E H T I P E A E
```

ALIAS   LABEL
ANONYM   NOUN
EPITHET   PSEUDONYM
FAMILY   TAG
HANDLE   TITLE
IDENTITY

PUZZLE 38: IN THE PARK

```
E L B A T C I N C I P G
H P B V S F D A S P A L
T S R E W O L F H T S R
W A U L E T H E E G D R
B G I B A C E D N L I P
I N E O C C L C L N B O
R I H R E A T R E E S N
D V N H S G E N H R I D
S A L S A H D C E N C F
W P A F R L N E L A W N
B R S S E E F R H A H E
G I S A B F E W S S A S
```

BENCH
BIRDS
BUSH
FIELD
FLOWERS
GATE
GRASS
HEDGE

LAWN
PAVING
PICNIC TABLE
POND
TREES

 TIME ....

PUZZLE 39: BIRDS

```
U E P O L T O R R A P R
E R U E K I T E C T E O
N N U O N D U C K U G B
O M A S E G N F S R O I
E P S R O I U E W I O N
G T N L C S P I V B S E
I L A L E C T G N A E T
P L W U N L U R A J R U
S R S G S C I R I M N R
K O S P R E Y D L C L K
K R N I F F U P U E H E
K U E L G A E K G I W Y
```

CRANE   MAGPIE   SWAN
CURLEW   OSPREY   TURKEY
DUCK   OSTRICH
EAGLE   PARROT
EMU   PENGUIN
GOOSE   PIGEON
GULL   PUFFIN
JABIRU   RAVEN
KITE   ROBIN

PUZZLE 40: WORDS WITH MULTIPLE MEANINGS

```
F N N L P E L K C U B L
F I I E E H H T O M P B
I D N D P D N I S E R O
O I D I O L O E K U G S
F I E R S V E M E H D E
R T S A F H E F T R L E
E E F C M H E R T F C D
P C D M B K G D L S T S
M L B C R E R P D O P L
E I I P M T A F I O O E
T P L D T O D D H A F K
O T L T I I E S E S I P
```

BILL
BUCKLE
CLIP
DUST
FAST
FINE
FINISHED
GRADE

LEFT
MODEL
OVERLOOK
SCREEN
SEED
SHOP
TEMPER

PUZZLE 41: SPANISH NUMBERS

```
T E E I C T E T N I E V
A E D C O C E C I N C O
T I A R A T N E S E S O
N R E N S T O N U E A S
E C O E E C R O T A C O
H E I C I N N S T E C D
C S C C U C E O O U O D
O N T E U R I E N C E I
O O V A T R C E H C S E
H E T Z U E E O E C E Z
T R E I N T A C C E O T
O Q U I N C E T E I S E
```

CATORCE
CERO
CIEN
CINCO
CUATRO
DIEZ
DOS
NUEVE
OCHENTA
OCHO

ONCE
QUINCE
SEIS
SESENTA
SIETE
TREINTA
TRES
UNO
VEINTE

PUZZLE 42: CHRISTMAS CONCERT

```
H S T Y S L I A S S A W
A E R L T S N E T F C W
R L U O A I A R N L L O
M B M R O S R B N U A O
O E P M C F L A N T R L
N R E T N A L L H E I L
Y T T R M A M U E C N Y
W A L K I N G U C B E H
O N A R P O S C R T T A
F R A C S S R N R D L T
T R O M B O N E O T A H
M U S I C W G L O V E S
```

ALTO
BASS
BELLS
CHARITY
CLARINET
COAT
DRUM
FLUTE
GLOVES
HARMONY

LANTERN
MUSIC
SCARF
SOPRANO
TREBLE
TROMBONE
TRUMPET
WALKING
WASSAIL
WOOLLY HAT

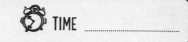
PUZZLE 43: ON CHRISTMAS EVE

```
C U P I D C H I M N E Y
N T L B L I T Z E N E H
E R A N R E C N A D R S
G E W V I X E N M R E R
N C N T E M O C D E H E
I N S G N I K C O T S S
L A L A D M K W N T A R
K R W I A C W M N A D U
N P I M I H G I E L S O
I C M N S N O W R C C C
W A T L R E E D N I E R
T S S U G A R P L U M S
```

BLITZEN   REINDEER
CHIMNEY   SLEIGH
COMET   SNOW
COURSERS   ST NICK
CUPID   STOCKINGS
DANCER   SUGAR PLUMS
DASHER   TWINKLING
DONNER   VIXEN
PRANCER

PUZZLE 44: GROUPINGS

```
P R R E T L I S T I N G
U S L I K G E P E N R V
O D N I K A I L K O H R
R R O E V P M O G I K U
G C Y G E N R E N S G T
E L Y T S E S R N I R C
S I E T Y P E R A V A I
C L A S S T T A N I D N
N A T I P H L R S D E S
E I K A R A N K O S G G
N C H C R K A M A S N D
T C E N O I T C E S I E
```

CHAPTER   LISTING
CLASS   MAKE
DIVISION   RANK
GENRE   SECTION
GRADE   SORT
GROUP   STYLE
ILK   TYPE
KIND

PUZZLE 45: THE HOLLY AND THE IVY

```
N A L I L Y Y G L O R G
W I Y Y O I S N W L B N
O N V B N H E I O S L I
R U U Y O M E S O N O N
G S C L L A R I D R S N
L L L H U R T R R P S U
L Y L E O Y I Y L G O R
U O S R D G C A G L M I
F N A G R O Y R R E M R
C H O I R I F L O W E R
G N I G N I S M G W L W
Y N G G L D E E R R N L
```

BLOSSOM	HOLLY	RISING
CHOIR	IVY	RUNNING
CROWN	LILY	SINGING
DEER	MARY	SUN
FLOWER	MERRY ORGAN	TREES
FULL-GROWN	PLAYING	WOOD

PUZZLE 46: CAR BRANDS

```
E M A R A U G A J E E P
L E D M E I R T R P N R
O R N I A T O E E S I D
T C O N A Y N U D R S R
U E H I O A G D A R S O
S D F T U E A R U R A F
H E A L O L R U A I N A
R S T T S E U R A B U S
S U S E F S U X E L U I
C I T R O E N E H K E F
O D E H C S R O P H I I
P E J H Y U N D A I R A
```

CITROEN   LOTUS
FERRARI   MERCEDES
FIAT   MINI
FORD   NISSAN
HONDA   PEUGEOT
HYUNDAI   PORSCHE
JAGUAR   RENAULT
JEEP   SUBARU
KIA   TESLA
LEXUS   TOYOTA

PUZZLE 47: COUNTRIES IN EUROPE

```
I A E L Y F C N I A P S
I E G U A I Y R A K A A
N C L P W N P H D I I D
Y E T O R L R U N R K E
Y E A R O A U N A I A N
N R U T N N S G L T V M
A G S U M D L A E A O A
M U T G A U T R R L L R
R L R A B L C Y I Y S K
E L I L A D N A L O P K
G E A M F M U I G L E B
S W E D E N F R A N C E
```

AUSTRIA	GERMANY	POLAND
BELGIUM	GREECE	PORTUGAL
BULGARIA	HUNGARY	SLOVAKIA
CYPRUS	IRELAND	SPAIN
DENMARK	ITALY	SWEDEN
FINLAND	MALTA	
FRANCE	NORWAY	

PUZZLE 48: FLOWERS FOR BEES

```
H E H N O E O B R O O M
E O V Y O O P Y O N M L
M A N O A V I O L E T E
T A O E L R E U S V N R
G L R T Y G R M E S P A
C A E O H S X O Y O Y O
A V V M J M U O W H N H
M E O A O R E C F R T W
P N L G O I A H K E R O
I D C R E O R M E L R A
O E T E N I M S A J E R
N R B B A I E L D D U B
```

BERGAMOT HYSSOP
BROOM JASMINE
BUDDLEIA LAVENDER
CAMPION MARJORAM
CLOVER THYME
FOXGLOVE VIOLET
HONEYSUCKLE YARROW

PUZZLE 49: ROYAL FAMILIES

```
L A N C A S T E R X P J
E V T R A U T S B E L N
A O E C A T T O T S A A
A N J O U U U R P S N M
W A O A D R A H O E T O
I M I O B P A A V W A T
N O R O A B Y O R K G T
D R N N S S I O L B E O
S I O B V A L O I S N B
O B U V U H A N O V E R
R R G R I M A L D I T N
G O V N Y D N A M R O N
```

ANJOU	OTTOMAN
BLOIS	PLANTAGENET
BONAPARTE	ROMANOV
BOURBON	STUART
GRIMALDI	TUDOR
HABSBURG	VALOIS
HANOVER	WESSEX
LANCASTER	WINDSOR
NORMANDY	YORK

PUZZLE 50: MADE OF ICE

```
O S N O W F L A K E I G
F I C E S H E E T E R I
R I C E C U B E N E C L
O E C T F U C O B I I E
Z L E E O N C E G C G T
E C H C R W C L G E L O
N I B A O I A K A L O H
D S C N I C N B B O O E
R P S P I L O K E L A C
I O I E I I C I C L E I
N P R P A C E C I Y U K
K I I C E B U C K E T R
```

FROZEN DRINK   ICE LOLLY
GLACIER   ICE RINK
HAIL   ICE SHEET
ICE BAG   ICICLE
ICEBERG   IGLOO
ICE BUCKET   POPSICLE
ICE CAP   SNOW CONE
ICE CUBE   SNOWFLAKE
ICE HOTEL

PUZZLE 51: SLIDING ALONG

```
E  H  E  G  R  E  H  T  I  L  S  S
N  A  E  D  E  L  S  G  O  D  L  T
G  A  I  C  E  S  K  A  T  E  S  O
S  H  G  E  H  P  E  I  E  E  S  O
E  S  E  G  D  G  I  G  K  S  I  A
G  P  L  I  O  I  I  E  R  I  O  O
U  E  K  S  C  B  L  E  S  L  V  S
L  I  I  D  N  L  O  S  L  O  A  K
L  S  L  I  P  E  A  T  L  S  R  I
T  D  R  A  O  B  W  O  N  S  T  S
U  E  N  A  L  P  A  U  Q  A  I  S
L  I  L  D  I  K  S  B  E  A  G  E
```

AQUAPLANE   SLEIGH
DOGSLED   SLIDE
ICE SKATES   SLIP
LUGE   SLITHER
SKID   SNOWBOARD
SKIS   TOBOGGAN

PUZZLE 52: FORCES AND MOVEMENT

```
T R S Y G R A V I T Y N
E R P M T R S E V D O C
N T E V O P E E I I C C
S S E U I M L R T R F I
I O D N H O E A T R E T
O T D C C C R N I D S E
N H T I T E C C T A S N
S E T I L H T O E U A G
P Y O E A I D L H I M A
I N C R O T H R U S T M
W C G N E H T H G I E W
A E N E C I I E M I T W
```

ACCELERATION   GRAVITY   SPEED   TIME
CHARGE   MAGNETIC   SPIN   VELOCITY
DIRECTION   MASS   TENSION   WEIGHT
FRICTION   MOMENTUM   THRUST

 TIME ....

PUZZLE 53: ON THE WALL

```
S W A S C L O C K P H T
H O A I W V P S A C E Y
E D T R L P N I T L R N
L N S K O I N I E T R R
V I T S A T W V S O E M
E W T T I S I E O P I N
S E R N T S P D A R L H
R U G H I A I P R L T I
C N G O T L L O T C W K
R I N O S L R N S I L W
L Y R K A P I C T U R E
K R O W T R A D N I L B
```

ARTWORK	PAINTING
BLIND	PICTURE
CLOCK	POSTER
CURTAINS	SHELVES
DOOR	TAPESTRY
HOOK	TELEVISION
LIGHT SWITCH	WALLPAPER
MIRROR	WINDOW

PUZZLE 54: GOOD KING WENCESLAS

```
L O O K E D O U T L T A
S E N G A T N I A S N A
G L E U F R E T N I W G
M N F P O O R M A N M N
O C I Y A P P T T U E T
U R D L A T N A W V L F
N I E G L U N T E O N R
T S E E O E Y A M P N O
A P P F S E W W S O O S
I T H G I N G D E A O T
N G A T H E R I N G E N
I I A B R I G H T L Y P
```

BRIGHTLY	GATHERING	POOR MAN
CRISP	LOOKED OUT	SAINT AGNES
DEEP	MOON	SNOW
DWELLING	MOUNTAIN	WINTER FUEL
EVEN	NIGHT	
FOUNTAIN	PAGE	
FROST	PEASANT	

PUZZLE 55: EGG-CELLENT

E	S	S	O	W	E	C	E	E	C	K	W
L	T	H	L	O	O	K	E	C	H	Y	W
P	O	B	E	O	S	L	A	C	S	L	T
R	R	O	L	A	B	A	A	B	W	C	K
I	E	O	L	M	T	O	C	S	H	R	S
L	H	A	A	R	P	E	Y	F	I	A	O
L	Y	R	R	T	R	A	R	P	S	C	W
R	C	E	L	R	C	Y	K	I	K	K	O
S	B	A	B	T	W	E	B	C	A	O	R
A	S	H	Y	O	B	C	O	K	I	O	H
P	I	H	W	O	T	S	I	L	K	C	T
E	W	P	E	A	O	Y	L	E	S	A	O

BAKE   HEAT   STORE
BOIL   LAY   THROW
COOK   PICKLE   WHIP
COOL   POACH   WHISK
CRACK   SALT
FRY   SCRAMBLE

PUZZLE 56: SEAS OF THE MOON

```
N C S S E N R E V E L C
Y T I N E R E S E D G E
S R E W O H S C I C I D
N R E H T U O S T S U W
R O I S L A N D S A N C
E N M T N E P R E S R S
T Y T I D N U C E F H S
S E V A W R R E C T O D
A C S E S I R C Y D M U
E O T L F O A M I N G O
M L A M O I S T U R E L
T D R S M U T I N G O C
```

CLEVERNESS   EDGE   SERENITY
CLOUDS   FECUNDITY   SERPENT
COGNITUM   FOAMING   SHOWERS
COLD   ISLANDS   SMYTH'S
CRISES   MOISTURE   SOUTHERN
EASTERN   NECTAR   WAVES

PUZZLE 57: MOTOR RACING

```
D L R A C I N G L I N E
I E M S T R A I G H T W
R E D A T F I R D W I A
G H E R E R R R P N T G
G W N L I T O I G U A M
N Y I A T V T P R I E A
I B G P H S E B H A N R
T R N H T A O R D Y A S
R A E O I I F T C Y C H
A K P S P O I L E R I A
T E R E S T A R T I H L
S A F E T Y C A R T C H
```

BRAKE	LAP	SAFETY CAR	TROPHY
CHICANE	MARSHAL	SPOILER	TURBO
DRIFT	PIT STOP	STARTING GRID	WHEEL
DRIVER	RACING LINE	STRAIGHT	WING
ENGINE	RESTART	TEAM	

PUZZLE 58: TYPES OF ALPHABET

```
I S T C Y R I L L I C H
C I H P A R G O T C I P
C I C K A M E G P E Y A
I J N A K L E N R R C C
B A R C L O I O A B U W
A M A I R C G B R A N E
R O A G I L A A N R E R
A R I N Y L E A G A I B
B A U P L N M R J E F E
N R H Y I O E R G N O H
A I S L R E I L T I R M
C A N A K A T A K L M E
```

ARABIC
BRAILLE
CUNEIFORM
CYRILLIC
GEORGIAN
GREEK
HEBREW
HIEROGLYPHIC
KANJI

KATAKANA
LINEAR A
LINEAR B
PICTOGRAPHIC
ROMAJI
ROMAN
RUNIC
SYLLABARY

 TIME ....

PUZZLE 59: TEACHING YOU

```
H E A D M I S T R E S S
R P R O F E S S O R I S
O H E A D M A S T E R O
N W O L L E F S L T O D
R O T U T U R E A N T A
E E A N S E S N P E C T
V T R A I N E R I D U E
O S E U N P D E C I R A
G A A O T O L V N S T C
E O D E I C P O I E S H
N V E L C P E G R R N E
N R R R R G E L P P I R
```

DON
FELLOW
GOVERNESS
GOVERNOR
HEADMASTER
HEADMISTRESS
INSTRUCTOR
LECTURER

PRESIDENT
PRINCIPAL
PROFESSOR
READER
TEACHER
TRAINER
TUTOR

PUZZLE 60: BRAINPOWER

```
I M A G I N E E I R C R
E C N E U L F N I I O E
U S D D F O C U S E N E
N O E T A L U C L A C R
D L R E B M E M E R E K
E V I N S P I R E D N F
R E D I C E D R E I T O
S I E G D U J D H N R R
T L E A R N U T E L A E
A E V I E C R E P D T S
N Z E M E M O R I Z E E
D C K E E T A M I T S E
```

CALCULATE	INFLUENCE	MEMORIZE	REMEMBER
CONCENTRATE	INSPIRE	PERCEIVE	SOLVE
DECIDE	JUDGE		THINK
DEDUCE	LEARN		UNDERSTAND
ESTIMATE			
FOCUS			
FORESEE			
IMAGINE			

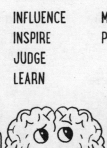

 TIME ....

PUZZLE 61: CHRISTMAS PARTY

```
D S E C R E T S A N T A
E C G L S H T I G M I C
C S I I S U M U S I C C
O A N A N G K H T S B O
R N G T C R C K O T A C
A T E E H C H K C L L O
T A R H A E E A K E L A
I H B T R G E R I T O Y
O A R N A G S A N O O H
N T E I D N E O G E N A
S S A P E O T K S Y S K
P N D L S G C E L O S I
```

BALLOONS   MISTLETOE   SANTA HATS
CHARADES   MUSIC   SECRET SANTA
CHEESE   NUTS   STOCKINGS
COCOA   PIN THE TAIL
DECORATIONS
EGGNOG
GINGERBREAD
HOLLY
KARAOKE

PUZZLE 62: THE FIRST NOEL

```
E L S E C F F A R H E R
E E K E E P I N G E T O
G A G E P U D E K O O L
R R D E E P A N G E L S
E S A D R A T S H E E P
A I S H I N I N G I E T
T F R D N G D F I E T S
L O T R L C Y T O A H A
I G F H O E O A G R G E
G N B O R N I L D T I N
H I N P I N O F D H N Y
T K G T R E T N I W I E
```

ANGELS	GREAT LIGHT
BORN	KEEPING
COLD	KING OF ISRAEL
DAY	LOOKED UP
DEEP	NIGHT
EARTH	SHEEP
EAST	SHINING
FAR	STAR
FIELDS	WINTER

PUZZLE 63: BONES IN THE BODY

```
P C P M A N D I B L E O
A F O F F R N V L R S M
T I A L I E E E S E T E
E B P B L R M U V P E T
L U S E T A P U I H R A
L L S E L R R N R A N T
A A B U A V C B S L U A
O R T C R U I R O A M R
A R E N S E S S R N R S
L L A R O P M E T G E A
T I B I A R A U N E O L
S U I D A R F R H S I I
```

CARPUS
COLLARBONE
FEMUR
FIBULA
FRONTAL
HUMERUS
INCUS

MANDIBLE
METATARSAL
PATELLA
PELVIS
PHALANGES
RADIUS
RIBS

STERNUM
TEMPORAL
TIBIA
VERTEBRA

PUZZLE 64: FAMOUS RIVERS

```
E Z T G N A Y A Y P G S
N A M A Z O N B U N L N
G D E E G P R M K K I O
O A K M N A D R O J M C
D N O R O N N E N E P H
R U N V N S R G V L O U
O B G O O C E E N P R
D E L I N L C L V S O C
I N D U S O T E L E E H
R E G I N T H A M E S I
M R R G O R I N O C O L
R I O G R A N D E O G L
```

AMAZON   MEKONG   YANGTZE
CHURCHILL   MOSELLE   YUKON
CONGO   NIGER
DANUBE   NILE
DORDOGNE   ORINOCO
GANGES   RIO GRANDE
INDUS   SEVERN
JORDAN   THAMES
LIMPOPO   VOLTA

ADVANCED

PUZZLE 65: BREAKFAST FOODS

```
G H A D O U G H N U T E A
P A N C A K E E O P G C J
E S O A E R N G G U H I M
C H T P C T G G A H Y U O
I B A S E E E E N C R J O
U R M A A D R D O T T E R
J O O W E O E E C E S G H
E W T I F I T H A K A N S
L N R C D R O C B L P A U
P F R U I T S A L A D R M
P T N A S S I O R C S O P
A T I U R F E P A R G E A
D F A J U E G A S U A S A
```

APPLE JUICE   GRAPEFRUIT   POACHED EGG
BACON   HASH BROWN   SAUSAGE
CEREAL   KETCHUP   TOAST
CROISSANT   MUSHROOM   TOMATO
DOUGHNUT   ORANGE JUICE
FRIED EGG   PANCAKE
FRUIT SALAD   PASTRY

PUZZLE 66: A CHRISTMAS CAROL

```
S E E O T R I S S C H N T
E O A A T I H E T H E O O
N S T S O H G S I R V B O
E M F R A G T N A I E O G
G C T R E E C E M S S B R
O T U I E R H K A T A C E
O K R E W D A C R M M R E
R D K S H A I I L A T A D
C N E E N T N D E S S T T
S R Y S I A S T Y P I C A
T I N Y T I M T C A R H S
R I K M B L E A K S H I G
T K T M M I S E R T C T T
```

BLEAK
BOB CRATCHIT
CHAINS
CHRISTMAS EVE
CHRISTMAS PAST
DICKENS
FRED

GHOSTS
GREED
MARLEY
MISER
SCROOGE
TINY TIM
TURKEY

PUZZLE 67: CHRISTMAS CANDLE SCENTS

```
O I C L E M E N T I N E I
E S P O R D W O N S P O E
D T N I M R E P P E P M C
C A A E E R T E N I P U I
O O E L L E F E G O L L P
O S I R O C R I U R M P S
K M P R B C L T G E I R R
I U F I K R O O R S E A E
E L E E I N E H V I B G T
S P N W S M I G C E F U N
C I N N A M O N N T S S I
M A N D A R I N S I O E W
E T I U R F E P A R G H I
```

CINNAMON
CLEMENTINE
CLOVES
COOKIES
FIGS
FIR TREE
GINGERBREAD

GRAPEFRUIT
HOT CHOCOLATE
MANDARINS
PEPPERMINT
PINE TREE
PLUMS
SNOWDROPS

SUGAR PLUM
WINTER SPICE

PUZZLE 68: CHRISTMAS BITS AND PIECES

```
R E P A P G N I P P A R W
S I L K H S G G S A E E R
C R B O B A I G D P P E B
O R L B B A A B A A T R T
S L E T O T T P T T O G R
Y R F P T N E I I W N T S
T I A F E U S L N I N D E
G S I T S P G P R S A N L
S G T S S N A T A E E E S
W T I B A P S P B I A L D
O T H Y E R W N E V B E R
B B E R R I E S E R O E A
P A R W C I T S A L P T C
```

BEADS	GIFT TAGS	STARS
BERRIES	GLITTER	STRING
BOWS	HOLLY	TAPE
BROWN PAPER	LEAVES	TINSEL
CARDS	PLASTIC WRAP	TISSUE PAPER
CREPE PAPER	RIBBONS	WRAPPING PAPER
GIFT BAG	SILK	

PUZZLE 69: ISLAND GROUPS

```
U A D N A L K L A F M N M
L E E W A R D B R I A N E
A O I G I A A F C I N A L
V N L N E L N R S A I E A
U L I O E A O E O A O D N
T I R A I N N M I E N I E
A A R J E Y A S L O I R S
F I I S L S A O A L A B I
C F I O A W Y M I I N E A
S A P Y R A N A C A P H N
N P H I L I P P I N E I W
B R I T I S H V I R G I N
N A Y W I N D W A R D N M
```

AEGEAN	LEEWARD
AEOLIAN	LOYALTY
BALEARIC	MELANESIAN
BRITISH VIRGIN	MICRONESIAN
CANARY	PHILIPPINE
FALKLAND	POLYNESIAN
FAROE	SAMOAN
FIJIAN	TUVALU
HEBRIDEAN	WINDWARD
IONIAN	

PUZZLE 70: NAMES OF POPES

```
S S S Y L V E S T E R N E
B B U N N I C H O L A S H
S O N N E R O D O E H T A
U N H O I H N E J L M I D
I I O E P R P C M U A J R
S F J L N I E E I A L R I
A A R O T C I V T P E C A
T C J U L I U S E S X L N
S E M P U R B A N S A E X
A N B E N E D I C T N M N
N C E L E S T I N E D E T
A O S U I G R E S N E N J
S E I N N O C E N T R T E
```

ALEXANDER
ANASTASIUS
BENEDICT
BONIFACE
CELESTINE
CLEMENT
HADRIAN
INNOCENT
JOHN
JULIUS

LEO
NICHOLAS
PAUL
SERGIUS
SEVERINUS
STEPHEN
SYLVESTER
THEODORE
URBAN
VICTOR

PUZZLE 71: MUSICALS

```
L E S M I S E R A B L E S
Y D D U B S C G R E A S E
A M M A E C H T S U L M V
C E Y T L I E H S A A I C
H A F I S S S E S L V H M
O N A V S T S L Y A S A A
R D I E L T L I F D S I M
U M R E V I L O W D E R M
S Y L S C G R N I I R S A
L G A C T E I K C N T P M
I I D I V A E I K T I R I
N R Y E R E C N E S A A A
E L R E O I E G D A W Y R
```

A CHORUS LINE
ALADDIN
BUDDY
CATS
CHESS
EVITA
GREASE
HAIRSPRAY
LES MISERABLES

MAMMA MIA
ME AND MY GIRL
MY FAIR LADY
OLIVER
THE LION KING
VIVA FOREVER
WAITRESS
WICKED

PUZZLE 72: TIME TO SLEEP

```
E R T S U Y T D R D D H U
W L E T H A R G I C R U A
T W S D E Y E Y V A E H N
D L L O S R Y F E Y H Y W
U E A D A I A R H Y R O H
S S T T W T D F S A L W S
S T F S I O D R E S W R I
E R H G U R R W O S O H G
F N U A A A R N R W A W G
I E E I S E H W O R S I U
D W N D V E G X T U R Y L
R E V O I I R R E O T O S
D Y T I R E D R I W E E S
```

DRAINED
DROWSY
EXHAUSTED
FATIGUED
HEAVY-EYED

LETHARGIC
OVERWEARY
SLOW

SLUGGISH
TIRED
WORN OUT

PUZZLE 73: FARMYARD ANIMALS

```
Y Y R K O E Y H O G U L G
O E A B M H H G E W C U I
T K B U Y I O E E R K L D
U N B C O L S R E S C R E
W O I L L O O N S O U T E
O D T A O Y Y T O E D Y P
C O M G T P C M N R N Y A
Y A I G A I E O A O E A M
U E H I O A O E O U K S G
E R K P G U K E H E C K S
R N I R H S I H H S I G H
O E H N U R B L R A H P C
I M O B U T C L K B C I H
```

CHICKEN   HORSE
COW   LLAMA
DONKEY   PIG
DUCK   RABBIT
EMU   SHEEP
GOAT   TURKEY
GOOSE

PUZZLE 74: DOUBLE-M WORDS

```
A M R O D I L E M M A U C
C R E C O M M E N D C S O
O O I H A M M O C K C U M
F R M M S M C G Y E O M M
S L U M A D R N M L M M E
M Y U M A A U A M B M E R
M M M M M N W R U A O R C
S A M M M A D L Y M D E I
L E A C E O G E M M A M A
A R I T A T X E R A T M L
M A Y A R D R E L L E I O
G I M M I C K Y D F D W R
M I M M A C U L A T E S I
```

ACCOMMODATE
COMMANDER
COMMERCIAL
DILEMMA
FLAMMABLE
FLUMMOXED
GIMMICK
GRAMMAR
HAMMOCK

IMMACULATE
MAMMAL
RECOMMEND
RUMMAGE
SUMMER
SWIMMER
SYMMETRY
YUMMY

PUZZLE 75: WAYS TO LIST

```
A C T S R A D R E I E T R
I A A I A Y E R R X D Y A
N L L T I T K E E I R E T
V E L D S R G D R A L R O
E N Y O R I N E N B S L R
N D R R S I C O A M O O T
T A O T C T I T E A E T E
O R E I O T R T I D R L Y
R R I R C N I B A N B R X
Y C Y I S E L U D E H C S
E D D T H T E E E G R S T
S T N E T N O C D A T D R
C H E C K L I S T L L O R
```

AGENDA	ITEMS
CALENDAR	REGISTER
CHECKLIST	ROLL
CONTENTS	ROSTER
DICTIONARY	ROTA
DIRECTORY	SCHEDULE
INDEX	TABLE
INVENTORY	TALLY

PUZZLE 76: GREEK GODS

```
S N E I E H Z C R O N U S
O O L E D E M Y N A G O S
N D A E U A L N A E E E D
P I L S A D Z P T I R R I
Y E S O I L E H L A E H O
H S A E O L U S A O R E N
O O I S C Y H R S A A R Y
C P E N E S E B A S E M S
E E S Y O H I S O N Y E U
A O O R S D A S O N U S S
N A E P H P A D I O A S O
U S A M O R P H E U S P E
S H R N B O R E A S H Z S
```

ADONIS
AEOLUS
ARES
ATLAS
BOREAS
CRONUS
DIONYSUS
EROS
GANYMEDE
HADES

HELIOS
HERMES
HYPNOS
MORPHEUS
OCEANUS
PAN
POSEIDON
URANUS
ZEUS

PUZZLE 77: THINGS THAT MIGHT FREEZE

```
L E P I P N I A R D N O S
N R L A K E I I P P A D P
E N P G R L V B N O E I R
L L A F R E T A W W N P I
W A T E R S U P P L Y D N
R B U B B L E E U P I A G
P R E C I P I T A T I O N
G R O U N D W A T E R A S
N O I T A S N E D N O C E
D U O L C O D R I N K L N
M A E R T S D W E L L L A
L R O K P U D D L E B W I
R E T A W G N I P P I R D
```

BUBBLE   PRECIPITATION
CLOUD   PUDDLE
CONDENSATION   RIVER
DEW   SOIL
DRAINPIPE   SPRING
DRINK   STREAM
DRIPPING WATER   WATERFALL
GROUNDWATER   WATER SUPPLY
LAKE   WELL
POND

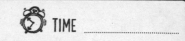
PUZZLE 78: TYPES OF FLOWERS

```
V O L G L A D I O L U S S
A L F R E E S I A A Y R L
N I C L O V E R N I I C R
G E R B E R A A O L R A S
L A C N T A T E I O I R W
I Z G A E U P G L N S N E
D A D P L E S N E G L A E
O L L I O I R A D A I T T
F E P N I P L R N M L I P
F A Y S V O P D A R Y O E
A S T E R T E Y D A O N A
D O R C H I D H D A I S Y
O R E W O L F L L A W L E
```

ASTER
AZALEA
CARNATION
CLOVER
DAFFODIL
DAISY
DANDELION
FREESIA

GERBERA
GLADIOLUS
HYDRANGEA
IRIS
LILAC
LILY
MAGNOLIA
ORCHID

PEONY
POPPY
ROSE
SWEET PEA
TULIP
VIOLET
WALLFLOWER

PUZZLE 79: DESCRIBING HORSES

```
L L N R A S K E W B A L D
M E A L Y B N O O A O U S
N O R I U U A C P R T O C
A N A R D K C A L B N L P
Y I O A O A K W P I I N E
A M D L N S C A B P P W C
B O M I K L L L C I P O H
B L E B U A A B R I A R E
D A P P L E Y L E P B B S
N P P C E B B B A S E P T
B L U E R O A N M O R Y N
P P A O Y L N B M R L O U
A A N E D A K A S O P A T
```

ALBINO	DAPPLE
BAY	DUN
BLACK	MEALY
BLUE ROAN	PALOMINO
BROWN	PIEBALD
CHESTNUT	PINTO
CLAYBANK	SKEWBALD
CREAM	SORREL

PUZZLE 80: EMOTIONS

```
H A L O I E E Y K C O H S
E W D P L D D H R P N A R
P E R R T U M T I Y G E N
O R P I H T R A W A P V Y
H E E D G I A P Y I A O C
G A M E I T L M T M D L I
R W A R R A A Y Y E Y R N
I O H E F R E S L T T A A
N R S G I G I I E M L Y P
P R L N V W G I J A I V R
R O I A N H X A O E U N A
Y S G T T N D A Y A G E D
T T N G A R E G R E T O I
```

ALARM	GUILT	SHAME
ANGER	HOPE	SHOCK
ANXIETY	JOY	SORROW
AWE	LOVE	SYMPATHY
DELIGHT	PANIC	
ENVY	PITY	
FRIGHT	PRIDE	
GRATITUDE	REGRET	

PUZZLE 81: ANIMALS WITH BIG TEETH

```
G E S T I G E R S N E W W
A W A W G F O U H A L H E
C F T W L O R H H H E R E
A A A O A L A R T L E N L
I C W D A E O S S R E C I
M H W W K R A H S I A M D
A A B A L S A T I A N W O
N G E R E H T N A P H N C
R N A L I O N R H M O A O
H D R A P O E L C Y T R R
R L E L E P H A N T E L C
A L A L L I G A T O R N E
W S P E R M W H A L E A A
```

ALLIGATOR   LION
ALSATIAN   PANTHER
BEAR   SHARK
CAIMAN   SPERM WHALE
CROCODILE   TIGER
ELEPHANT   WALRUS
HYENA   WARTHOG
LEOPARD   WOLF

PUZZLE 82: TYPES OF TREE

```
E I I L E Y O A P E B A A
C L W B I R A A R U I P H
P Y P P E R N L K C R R P
A E P A I E R S U A C I I
S P L R M H C I P L H C N
E O R M E C U H F Y W O E
Q C W R A S I E F P E T A
U E O A A A S S I T A E A
O D L T O H I E G U P L N
I A L L S P L C C S P T A
A R I A A D M L A P L L N
H V W P E A M P C C E E A
E C U R P S T U N L A W B
```

ACACIA   CHERRY   OAK
APPLE   CYPRESS   OLIVE
APRICOT   ELDER   PALM
ASH   ELM   PINE
BANANA   EUCALYPTUS   SEQUOIA
BEECH   FIG   SPRUCE
BIRCH   FIR   WALNUT
CEDAR   MAPLE   WILLOW

PUZZLE 83: WHAT'S THAT NOISE?

```
W V I B R A T I O N W L H
B O N E S U A L P P A A C
E W O C R E D N U H T E E
R E S L K K A E R C C U E
O L I I C E O W A K N Q R
N T R N O G T H U D L S C
S S E K N N I K E B T K S
E I N R K A K W C E E E E
V H N E M B B I R M L L C
A W K A H O C N A I E B L
I D U O O L H D S H R M L
I O R M S I O R H C C U H
B R A T T L E A A E C R O
```

APPLAUSE   KNOCK   THUNDER
BANG   RATTLE   VIBRATION
BELL   RUMBLE   WHISTLE
BOOM   SCREECH   WIND
CHIME   SIREN
CLINK   SNORE
CRASH   SQUEAL
CREAK   THUD

PUZZLE 84: UNITS OF MEASUREMENT

```
P K J T I B H T R E P O H
I E E L O P C H A O H R A
N L R L A L N E L E D L L
T A T C V E I R E A H N C
V C J I A I O M R C L R T
O S O O B E N B R G T S A
L A U R Q U R U A A A P R
T P L T U C C S B L E A A
B E E N A H L H A L R N C
M I A F R A E E M O L E N
A N R O T I L L K N O Y I
E T A O P N T E S L A E L
R M A T N Y A R D E L I M
```

ACRE   KELVIN   TESLA
BARREL   MILE   THERM
BUSHEL   MOLE   VOLT
CARAT   PASCAL   YARD
CHAIN   PINT
CUBIT   POLE
FOOT   QUART
GALLON   REAM
INCH   ROD
JOULE   SPAN

PUZZLE 85: TYPES OF BOOK

```
I T M S C T S R X K H C C
M H P Y E H T C O A H L R
H R U I S Y I O I O E A O
I I Z Y C T B L R F I S M
S L Z E S T E R D F I S A
T L L A X A O R R R O I N
O E E E C R L D Y S E C C
R R T R F A N T A S Y N E
Y D I C T I O N A R Y S S
Y M E C N E R E F E R Y I
E I C N O N F I C T I O N
K O O B E D I U G R F R U
O B I O G R A P H Y P C E
```

ATLAS
BIOGRAPHY
CHILDREN'S
CLASSIC
CRIME
DICTIONARY
FANTASY
GUIDEBOOK
HISTORY

HORROR
MYSTERY
NON-FICTION
PUZZLE
REFERENCE
ROMANCE
SCI-FI
TEXTBOOK
THRILLER

PUZZLE 86: VOWELLESS WORDS

```
S H H H H C Y S P S R G H
P S H P Y L Y R D R L R N
M Y T H M G R R Y H R H H
S Y G H C H P T P Y L R T
S L W M H Y T M M L H Y N
Y P Y P Y Y Y Y C Y H G Y
P S Y L T N R N H W M Y S
H L N L Y S Y L Y R P S Y
G H Y S S Y C G N M Y H
Y N H L H G C R Y G Y M N
X M R Y Y Y Y S T P Y R C
H H N R L H S Y Z Y G Y L
X S N W Y Y F R Y N R G D
```

CRYPT	NYMPH	SYZYGY
DRYLY	PSYCH	TRYST
FRY	PYGMY	WHY
GLYPH	RHYTHM	WRYLY
GYM	SHYLY	
HYMN	SLYLY	
LYNX	SPRYLY	
MYRRH	SYNC	
MYTH	SYNTH	

PUZZLE 87: NAME THAT SHRUB

```
D M U N R U B A L E M T F
E I A O A A E L A Z A Y O
L S C E L T R Y M U B R R
K A I A L I L A C L I R S
C C V T M B R A M B L E Y
U H F E A E I N D N B B T
S D U E N M L B D Y E P H
Y O C N E D E L S E R S I
E O H I P M E L I W R A A
N W S M A W Y R C A Y R T
O G I S N R O H T W A H K
H O A A A H E A T H E R E
T D A J R O S E M A R Y I
```

AZALEA   HONEYSUCKLE
BILBERRY   JASMINE
BRAMBLE   LABURNUM
CAMELLIA   LAVENDER
CLEMATIS   LILAC
DOGWOOD   MYRTLE
FORSYTHIA   RASPBERRY
FUCHSIA   ROSEMARY
HAWTHORN   THYME
HEATHER

PUZZLE 88: ALL THINGS CHRISTMASSY

```
S H O T V E G E B E L L H
L A O T Y E N M I H C T C
L E N L F I A L S S R G R
T R A T L I C I N E O N U
E E T S A Y G O O L R I H
N I I Y B I W Y W E W K C
O N V M A M S E F C R C E
C D I L A M T C L A E O S
E E T N H M A E A N A T C
N E Y O I E R N K D T S R
I R N R O B I N E L H R L
P S I N M I S T L E T O E
E E R T E C A L P E R I F
```

BELL	REINDEER
CANDLE	ROBIN
CHIMNEY	SANTA
CHURCH	SNOWFLAKE
FIREPLACE	SNOWMAN
GIFT	STAR
HOLLY	STOCKING
MISTLETOE	TREE
NATIVITY	WREATH
PINE CONE	

PUZZLE 89: SHAPES

```
S P H E R E C T A N G L E
M A R G O L E L L A R A P
M O E M S N O G A T N E P
T L E T U N O G A X E H P
Y R A R I I E G D E W I Y
D R I R I K Z R A C A E R
I E R A M C H E Y T S I A
A N L E N O H L P P C S M
M O E C M G I E I A Q O I
O C N B R N L L A U R L D
N C U C D I L E A R A T N
D S M E C E C R R V T L E
D L R P P S E H O G I C I
```

CIRCLE	OCTAGON	SQUARE
CONE	OVAL	STAR
CYLINDER	PARALLELOGRAM	TRAPEZIUM
DIAMOND	PENTAGON	TRIANGLE
ELLIPSE	PYRAMID	WEDGE
HEART	RECTANGLE	
HEXAGON	RHOMBUS	
KITE	SPHERE	

PUZZLE 90: CHESS GAME

```
G C H E S S B O A R D E A
C I P E E T R I A A O C T
R N A E Q A E R S N O Q N
O C W R N I K G N H U H A
O M N K E C K K A E O O S
K E C S E K C I E I E P S
K S L H R A S N T N R E A
N S C T L E C C I P E N P
I A E B S N I K B O M I N
G C I M I A T R M D I N E
H G I L I G C S A A T G N
T E N G N I K H G H C T W
I S T T D S E T I H W B T
```

BISHOP   KNIGHT
BLACK   OPENING
CASTLE   PAWN
CHECK   QUEEN
CHESSBOARD   RANK
EN PASSANT   ROOK
GAMBIT   TIMER
KING   WHITE

PUZZLE 91: WEDDING ANNIVERSARIES

```
L C A V R L R A E P P C P
R O L T L E A T H E R P P
T P R P L P C U C L D A P
E P G A L O A O C I P D N
H E O E A E R T A E L R O
W R L D R A W M R A A S T
C O D A L I O S R O E N T
T C O E T N H E I A I I O
S L A L D S M P N L H T C
E I W M G E Y I P Y V D O
R M L O E M H R O A B E S
H B B K O C P M C I S U R
C L O L I D T E S D B E R
```

CHINA   PAPER
COPPER   PEARL
CORAL   RUBY
COTTON   SAPPHIRE
CRYSTAL   SILK
DIAMOND   SILVER
EMERALD   TIN
GOLD   WOOD
LEATHER   WOOL

PUZZLE 92: WORLD RELIGIONS

```
M M S I D O H T E M S U S
S M S A Q U A K E R I S M
I M S I S H S I K H I S M
T M S I N A I C U F N O C
N M M I A O O N I L S S A
A M S S C D M T D S R I M
T S T I I U R N U L U M
S I S S H N L J O I I A M
E O I M I D I O C M H S M
T A T S O M D V H M U S M
O T P I C U E U L T H A S
R J A I N I S M B A A O S
P U B N T S N S A S C C O
```

BAPTIST
BUDDHISM
CALVINISM
CATHOLICISM
CONFUCIANISM
HINDUISM
ISLAM
JAINISM
JUDAISM

METHODISM
MORMONISM
PROTESTANTISM
QUAKERISM
SHINTO
SIKHISM
TAOISM

PUZZLE 93: FEELINGS OF JOY

```
N I S T I R I P S D O O G
S S E N D A L G G E S E E
J J O Y F U L N E S S C T
T U S I A H I L E N S N N
N U B I N C G N O S O A E
E L E I I S I I E I E R M
M S S O L R T N T U D E T
I O J H E A I A P S E B N
R E O E L P T H S N L U E
R E H E P L O I M T I X T
E C I A U R L S O E G E N
M H H X I B T R L N H D O
P L E A S U R E R I T I C
```

BLISS
CHEERINESS
CONTENTMENT
DELIGHT
ELATION
EUPHORIA
EXUBERANCE
EXULTATION
GLADNESS

GLEE
GOOD SPIRITS
HAPPINESS
JOYFULNESS
JUBILATION
MERRIMENT
PLEASURE
REJOICING

PUZZLE 94: MUSIC STYLES

```
R C A M B I E N T G G R T
H O U S E G Z J U N G L E
K M O S O N I N D I E O F
N S F K S U T E C H N O B
U R N N S P L E J O E B U
P F L K A A D A A S D C D
E D E T R R Y G Z K R K O
G I P R G F R G Z A L S N
N S S A E U T E A O P O E
U C O N U N N R F Y I T E
R O G C L K U I L S O R O
G R U E B F O A U R U S E
I S E U L B C F O P E R A
```

AMBIENT   GOSPEL
BLUEGRASS   GRUNGE
BLUES   HOUSE
CALYPSO   INDIE
COUNTRY   JAZZ
DISCO   JUNGLE
DUB   OPERA   SKA
FOLK   PUNK   SOUL
FUNK   RAP   TECHNO
FUSION   REGGAE   TRANCE

PUZZLE 95: VEGETABLES

```
E G A B B A C E C K E S C
G A R L I C Y O L T A S B
N R O C Y B A B T A M Q C
T O R R A C M A U T K U S
Y R E L E C H P R O E A A
E B R E S R L I N L N S M
C R K S S E E N I L P H O
U O O P S B E S P A C R O
T C T I E M K R R H E Y R
T C A N R U G A B S S P H
E O T A C C G P O K R A S
L L O C I U I O N I O N U
E I P H S C H I C O R Y M
```

ASPARAGUS	KALE	SPINACH	TURNIP
BABY CORN	LEEK	SQUASH	YAM
BROCCOLI	LETTUCE		
CABBAGE	MUSHROOM		
CARROT	OKRA		
CELERY	ONION		
CHICORY	PARSNIP		
CRESS	PEA		
CUCUMBER	POTATO		
GARLIC	SHALLOT		

PUZZLE 96: BLENDS OF TEA

```
E R O A N U M E E K E E C
A I C O O P M A S A L A H
Y E R G L R A E N I I U A
H I O N Y O O Y A O M K I
U I N L E M N R N B O E A
R V Y H C O O G N E M N S
G E A R D I M B U L A I O
L E N I M S A J Y N H L B
L A S S A M N O A I C W I
E O K E P E G N A R O O O
G N I L E E J R A D O R O
M Y I R I G L I N R L T R
L I G L A D Y G R E Y H O
```

ASSAM   KENILWORTH
CEYLON   LADY GREY
CHAI   MASALA
CHAMOMILE   NILGIRI
DARJEELING   OOLONG
DIMBULA   ORANGE PEKOE
EARL GREY   ROOIBOS
GREEN   UVA
JASMINE   YUNNAN
KEEMUN

PUZZLE 97: WEATHER

```
E C R E W O H S N E A M T
T O Y N Z W M E Z A H H S
H E D C S E I O M E R A L
U N M A L Q E N N S E I E
N I R M N O U R D S Z L E
D A O I R R N A B G O A T
E R T S E S O E L S A O N
R Y S T T N E T D L W L N
E F R O S T Y P H O O N E
G E N A C I R R U H E W D
O D R I Z Z L E M E E O E
F U T E M P E S T T U N W
L S H E N I H S N U S S L
```

BREEZE	HURRICANE	SUNSHINE	TORNADO
CYCLONE	MIST	TEMPEST	TYPHOON
DEW	MONSOON	THUNDER	WIND
DRIZZLE	RAIN		
FOG	SHOWER		
FROST	SLEET		
GALE	SNOW		
HAIL	SQUALL		
HAZE	STORM		

PUZZLE 98: CHRISTMAS PRESENTS

```
E O E M A G D R A O B A S
E L S K O O B E L Z Z U P
I A O P E S T A C E H L C
V R Y S A M A Y N G A C L
O T U I N T A I S Y C S O
M S P N N O Z G I O E T T
Y U D A T A C N O O C M H
A P L Y G P G S H E D K E
R P C A S C T S E S D E S
U L M S A T O Y S M C I G
L I S R T P S L H Y A C V
B E D R A C T F I G S G S
E S C H O C O L A T E S H
```

ART SUPPLIES
BLU-RAY MOVIE
BOARD GAME
CHOCOLATES
CLOTHES
GAMES CONSOLE
GIFT CARD
MAGAZINE
PLANT

PLAYING CARDS
PUZZLE BOOK
SHOES
SOCKS
TOYS
VIDEO GAME

PUZZLE 99: "SANTA BABY" LYRICS

```
P C C H I M N E Y I T T C
L O S W A I T U P E S D H
A N G T N M L R U F I E R
T V T M O E C L F M L C I
I E H G G C B O L G S O S
N R C N I T K R I N A R T
U T A B H C I I E I M A M
M I Y G E G H N N R T T A
M B I H D H C O U G S I S
I L C O E L B A S F I O T
N E O T I F F A N Y R N R
E G T A L L Y E A R H S E
T P T O N I G H T I C A E
```

ALL YEAR   LIGHT BLUE
ANGEL   PLATINUM MINE
CHECK OFF   RING
CHIMNEY   SABLE
CHRISTMAS LIST   STOCKING
CHRISTMAS TREE   TIFFANY
CONVERTIBLE   TONIGHT
DECORATIONS   WAIT UP
FUN   YACHT
GOOD GIRL

PUZZLE 100: MAKING A SNOWMAN

```
T B P S C A R F T O A T C
G A S V G R A V E L A C W
I B H T T G E H S S E A A
V E K P T W I G S P V R R
R I C A O V O O I O A R M
R O I W N T O P O L E O C
O R T A F W T W M H I T L
W B S O T B U T T O N S O
C A M R E D A P S T O E T
O R O L L I N G S N O W H
A A O S T O O B C O O G E
L O R P E A O O A C C W S
I S B O G L O V E S I P L
```

BOOTS
BROOMSTICK
BUTTONS
CARROT
COAL
GLOVES
GRAVEL

PIPE
ROLLING SNOW
SCARF
SPADE
TOP HAT
TWIGS
WARM CLOTHES

PUZZLE 101: CHRISTMAS DECORATIONS

```
O T T A S D N A L R A G L
U S N O I T A R O C E D L
T N I Y S P R I N K L E S
D I N F L A T A B L E S C
O L A S T O C K I N G S H
O S T R E A M E R S R W O
R B H S S T S L O A T R C
L O E Y E B C T T T E O
I E O T E L T S I M S A L
G T O A E K D S R N E T A
H Y D S I T I N S E L H T
T S C A N D Y C A N E S E
S R E E D N I E R C R B S
```

BEADS
CANDLES
CANDY CANES
CHOCOLATES
DECORATIONS
GARLANDS
INFLATABLES
MISTLETOE
OUTDOOR LIGHTS

REINDEER
SPRINKLES
STARS
STOCKINGS
STREAMERS
TINSEL
TOYS
WREATH

PUZZLE 102: CHINESE NEW YEAR

```
R T F I R E C R A C K E R
A I K R O W E R I F D D P
S B G G A T T D H P N A C
C B G N T A D O K I A E N
I A N I R O R E T G G R E
T R I C X S A A M G N B X
A R L N E R O O E L I D O
B E P A N G N I K A G E B
O T M D T K G T A N N M A
R S U I E H I N N T I A N
C O D Y G G O A S E S E N
A O I O E N O G A R D T E
M R D R P B G E R N H S R
```

ACROBATICS   HORSE   SNAKE
BANNER   LANTERN   STEAMED BREAD
DANCING   MONKEY   TIGER
DOG   OXEN
DRAGON   PIG
DUMPLING   RABBIT
FIRECRACKER   RAT
FIREWORK   ROOSTER
GOAT   SINGING

PUZZLE 103: LAPLAND TOUR

```
S S D A F I N L A N D R N
N A R O V A N I E M I O V
L M W I N T E R T L M I N
E I R A N I E K A L E E I
R E E D N I E R A K A V A
S W E D I S H S E B L H I
R T O R N I O I W O N S O
Y A B N A I N H T O B S U
I R U T N U T I S I I R L
A I N I S O S Y O T E M A
D I L E M M E N J O K I N
U R H O K E K K O N E N K
M P Y H A L U O S T O R A
```

BOTHNIAN BAY   RIISITUNTURI
FINLAND   ROVANIEMI
HALTI   SALMON
ISO-SYOTE   SAMI
LAKE INARI   SNOW
LEMMENJOKI   SWEDISH
LEVI   TORNIO
OULANKA   URHO KEKKONEN
PYHA-LUOSTO   WINTER
REINDEER

PUZZLE 104: TYPES OF CAKE

```
M E N Y E E F F O C N E E
B K B I R T H D A Y T E T
L A R G N I D D E W G N A
A C L O E M A I A N F O L
C E B U N D T F O H A T O
K S T E K A C P U C I T C
F E S A M T S I R H C E O
O E O G E E W L E M O N H
R H N E T O R R A C C A C
E C F N W O D E D I S P U
S I G I N G E R B R E A D
T E A N G E L S E L P P A
U N E L B R A M E I B R N
```

ANGEL
APPLE
BIRTHDAY
BLACK FOREST
BUNDT
CARROT
CHEESECAKE
CHOCOLATE
CHRISTMAS
COFFEE

CUPCAKE
FAIRY
GINGERBREAD
LEMON
MARBLE
PANETTONE
SPONGE
UPSIDE-DOWN
WEDDING

PUZZLE 105: FOREIGN NAMES FOR CHRISTMAS

```
S A K E E V G I L O D A N
G Z A N J N I L A O M B E
A I R A D N A A U I N O T
B E A T N E A D N J V Z H
O M C A I K C V A O E I C
N A S L L O R O I L C C A
E S O E T J K I N D N E N
T S N O H O S S A A T H
A V Y N S U C A A M V D I
K E D E I L I M A P A D E
O T A E R U L G I N K S W
N K T Z K K N O L L A G I
J I N U A S I M T S R E K
```

BOZIC   MILIED   VANOCE
GABONETAKO   NADAL   VIANOCE
JOULU   NADOLIG   WEIHNACHTEN
JUL   NATALE   ZIEMASSVETKI
KARACSONY   NAVIDAD
KERSTMIS   NOEL
KRISHTLINDJE   NOLLAG
KRISMASI   PASKO

PUZZLE 106: CHRISTMAS IN AUSTRALIA

```
E U C E B R A B A M A H S
I E I T Y A C H T R A C E
R P A V L O V A A E E R T
A E P I C N I C P A R K C
H C I E T A C A R O L S A
R S N O I T A R O C E D M
N A N C A P A G E A N T P
B U D A L A S A R A E K I
A C S Y A D I L O H C H N
T E S T C R I C K E T C G
C A O R N A M E N T S A S
C E C C S D R A C S P E A
A E S E V I T A L E R B R
```

BARBECUE	PAGEANT
BEACH	PARK
CAMPING	PAVLOVA
CARDS	PICNIC
CAROLS	RELATIVES
DECORATIONS	SALAD
HAM	SUN
HEAT	TEST CRICKET
HOLIDAY	TREE
ORNAMENTS	YACHT RACE

PUZZLE 107: TYPES OF CHRISTMAS TREE

```
L O D G E P O L E P I N E
O D F E L E R R E D T C N
P R R L C I I N O R U O N
S U N O R F I U I R R E O
N C I E E P G F P W C B R
D I F L S L R S A U A R D
E S B T A E N Y R L R I M
S O O S S A S P S A A F A
N C F A I P S A L S S D N
S I R B R E M F T B N N N
R F R U U F I R L S R A F
E E C L I U I R P R W R I
S E B R R U I R I D S G R
```

BALSAM FIR
BLUE SPRUCE
DOUGLAS FIR
FRASER FIR
GRAND FIR
LODGEPOLE PINE
NOBLE FIR

NORDMANN FIR
NORWAY SPRUCE
SCOTS PINE
SERBIAN SPRUCE

PUZZLE 108: NEW YEAR CELEBRATIONS

```
S R S J J M P C E U B N I
A S T R E A M E R S T N F
G I I T R S N G I Y O B C
N D N A B T N U T A A A L
I O D M N I K R A K S L O
R E O N T E A A O R T L C
E C H A M P A G N E Y O K
E A K C N W O D T N U O C
H S F I R E W O R K S N H
C F E S T I V I T I E S I
A M I D N I G H T W N N M
S N O I T U L O S E R K E
O N O I T A R B E L E C S
```

BALLOONS
BAND
CELEBRATION
CHAMPAGNE
CHEERING
CLOCK CHIMES
COUNTDOWN
DRINKS
FESTIVITIES

FIREWORKS
JANUARY
MIDNIGHT
PARADE
PARTY
RESOLUTIONS
SKATING
STREAMERS
TOAST

PUZZLE 109: WINTER SPORTS

```
G N I T A K S E R U G I F
S N O W B O A R D I N G C
N S I C E S K A T I N G U
L L E B O B S L E I G H R
N E N E T G E G I D S L L
O D N C G G G K N L H R I
T D O N U E S M K E B K N
E I A L K E R K C A U K G
L N E G N I P M U J I K S
E G N I I K S C I D R O N
K S P E E D S K A T I N G
S L G N I I K S L U G O M
A Y E K C O H E C I A K O
```

ALPINE SKIING   ICE SKATING   SKI JUMPING

BOBSLEIGH   LUGE   SLEDDING

CURLING   MOGUL SKIING   SNOWBOARDING

FIGURE SKATING   NORDIC SKIING   SPEED SKATING

ICE HOCKEY   SKELETON

PUZZLE 110: MEDIEVAL CHRISTMAS

```
T E T S R G O O S E F G E
S A C M T K B N U K I R N
A Y H S I F C I R G R S E
E D U A N N I U R S E L F
F E R T S E C G D C U O N
N E C W E S E E I D R U
H R H T R A R R P V H A N
O L I V E R Q E G I F C O
L B A N Q U E T T R E I S
L E G G N I G N I S E N I
Y N U I W R E A T H E V N
D R G N I K N I R D F J E
D A N C I N G I T I S N V
```

BANQUET   DUCK   JESTER
CAROLS   EVERGREENS   LIVER
CHURCH   FEAST   SINGING
CRIB   FIRE   VENISON
DANCING   GIFTS   WREATH
DEER   GOOSE
DRINKING   HOLLY

PUZZLE 111: ALL ABOUT ADVENT

```
E X P E C T A T I O N N O
E L P R U P X F S E C O N
N O I R E C N E T I N E P
H O P R E P A R A T I O N
S T A R E T A L O C O H C
L E L G N I T S I R H C D
S P S S T S E S C R I B U
R A N G E L G A B R I E L
N S Y A D N U S R U O F C
Y A D N U S E T E D U A G
I S A M O N T H N L S A R
L C O R A D N E L A C N L
N H T A E R W T N E V D A
```

ADVENT WREATH
ANGEL GABRIEL
CALENDAR
CANDLES
CHOCOLATE
CHRISTINGLE
CRIB
EXPECTATION

FOUR SUNDAYS
GAUDETE SUNDAY
HOPE
MONTH
PENITENCE
PREPARATION
PURPLE
STAR

PUZZLE 112: CHRISTMAS DESSERTS

```
P E S T I C K Y F I G S L
R D S P A N E T T O N E D
O A E I P N I K P M U P A
F E B P O N S U S E T P E
I R M Y A E C T R C R S R
T B O U C V L D O E I R B
E T B L H H L R O L F A R
R R R E E Y I O C O L M E
O O E L D R T E V A E E G
L H T O P T E B G A T T N
E S N G E A I N L I T O I
S G I T A G U O N Y R I G
N S W A R C T I C R O L L
```

ARCTIC ROLL   PUMPKIN PIE
GINGERBREAD   SHORTBREAD
NOUGAT   STICKY FIGS
PANETTONE   STOLLEN
PAVLOVA   TRIFLE
POACHED PEAR   WINTER BOMBE
PROFITEROLES   YULE LOG

PUZZLE 113: CANALS AROUND THE WORLD

```
C H A M P L A I N E P M D
W V O L G A D O N I C I D
O E C E T P H R H N E T W
C S S O A T E S O T D T E
S W G N N H N I N S O E L
O D A I E O N E I E C L L
M M R N T U W N N G E L A
A O I S D T G N G E P A N
C H U N E E N H I I A N D
R O A K L S U E Z R C D R
H R I N A I N O D E L A C
G E R E T A W E G D I R B
L I I T G A N I Z E R E B
```

BEREZINA   KIEL
BRIDGEWATER   MITTELLAND
CALEDONIAN   MOSCOW
CAPE COD   PANAMA
CHAMPLAIN   RHINE-HERNE
CORINTH   SINGEL
ERIE   SUEZ
GOTA   TWENTE
GRAND UNION   VOLGA-DON
HOUSTON SHIP   WELLAND

PUZZLE 114: CHRISTMAS WRAPPING

```
C I E E S C I S S O R S R
U U P G I F T T A G T S E
R R A C T S N E T G X E P
L O T A S T O M I C O L A
S S Y R I R B U S O B K P
S E K D C I B F S N T R G
G T C S O N I R U F F A N
L T I B H G R E E E I P I
I E T C O S I P P T G S P
T C S R K W A R A T U A P
T G E N E E I S P I C P A
E U I S E N R T E H T G R
R T T W T P S S R N T W W
```

BOW
CARD
CONFETTI
CURLS
GIFT BOX
GIFT TAG
GLITTER
PENS

PRINT
RIBBON
ROSETTE
SASH
SCISSORS
SPARKLES
STICKERS
STICKY TAPE

STRING
TISSUE PAPER
WRAPPING PAPER

PUZZLE 115: BOOKENDED BY THE SAME LETTER

```
T L A H T E L O R L R C H
B N O L Y N N O P M O E E
M K R T A A P O O M C E N
U E R E G L W R E T U S C
R H G E R E T D F W S P E
C G R W D S I O O E G C F
D O O T L C O D R A N M O
A H R E F R N T T R I Z R
E O A T P I S D N L M K T
R M T L W S R L W O A A H
B A O Y E A R L Y B E Y W
D O A E L A Z A K E L A L
F F E R A P T O R M G K A
```

AZALEA   MAELSTROM
BREADCRUMB   NYLON
COMEDIC   OREGANO
EARLOBE   PUMP
FOOLPROOF   RAPTOR
GLEAMING   STRESS
HENCEFORTH   TWEET
KAYAK   WINDOW
LETHAL   YEARLY

PUZZLE 116: SANTA'S WORKSHOP

```
E O L B E S C M O D E L S
L G O K L G O G S Y T S R
V S C O O A N R L Y S T O
E A A M P B V O E O I N N
S R Y N H W E T I E L E I
H E R R T R Y T G T Y S C
Y D O E R A O O H E T E E
O S T I O P R B R N H R L
T U C N N P B S E I G P I
O I A D T I E T R B U Y S
O T F E P N L O E A A S T
L E E E O G T Y A C N N O
S C A R D O N S S I X O B
```

BAGS

BOX

CABIN

CONVEYOR BELT

ELVES

FACTORY

GROTTO

MODELS

NAUGHTY LIST

NICE LIST

NORTH POLE

PRESENTS

RED SUIT

REINDEER

SACK

SANTA

SLEIGH

TOOLS

TOYS

WRAPPING

PUZZLE 117: DULL CHRISTMAS GIFTS

```
R O E E K O O B T X E T C
D S D D C O I Y Y U A T L
S T B G T T U C R I T E N
Y R N G A T E G A G G U L
N N O E I U S N I E T R A
G O T E S E O T D O R R R
N T E T E I C R R E T E A
I E B O W O K E L O R T D
R C O N A S S U E E T A N
Y A O G O O R O C C T E E
E R K A A I A A G S O W L
K D P T A L O T I O N S A
S S K A I R N T N K O A C
```

CALENDAR   NOTECARDS
DIARY   RULER
KEYRING   SOAP
LOTION   SOCKS
LUGGAGE TAG   SWEATER
NOTEBOOK   TEXTBOOK

FIENDISH

PUZZLE 118: CHRISTMAS CAROLS

```
S L L O L O O S G E S W L D L
I O R S Y U H L L O I E D L A
H R E I Y S L B O C L T A I W
T A W L K R Y L R D V H D H A
S C T E V L D T H A E R I C Y
I N H N X H T Y A H R E V Y I
D O G T N F T W O C B E A O N
L R I N L O O K H I E K N B A
I U N I T E P R E D L I Z S M
H H Y G L E S D D C L N I Y A
C E L H A H O N D C S G L R N
T H O T I C L K L H A S E A G
A T H O A Y H S H R G R F M E
H C O V E N T R Y C A R O L R
W L E O N T S R I F E H T L I
```

AWAY IN A MANGER   SILENT NIGHT   WE THREE KINGS
COVENTRY CAROL   SILVER BELLS   WEXFORD CAROL
FELIZ NAVIDAD   THE FIRST NOEL   WHAT CHILD IS THIS
MARY'S BOY CHILD   THE HURON CAROL
O HOLY NIGHT

PUZZLE 119: REPTILES

```
A N L R Z L Z C A O N R R S E
V S N A K E Y T G O V E S N R
I H N I P A R R E T H K L T O
E W R T O R T O I S E O O U T
N Z E N I D A N A U G I W R T
O C A L L I G A T O R R W T G
E O R K R O R P M C A Z O L E
L A D R I E D T I W A O R E C
E E T N P R L S E L P I M T K
M T L R A K N I K S R T M R O
A N L Z E L I D O C O R C A R
H K I A N O T M L O H L E I N
C L K O M O D O D R A G O N L
P I M D O R Z D S E K L N P O
I E E L I V E D Y N R O H T G
```

ALLIGATOR
CAIMAN
CHAMELEON
CROCODILE
GECKO
IGUANA
KOMODO DRAGON
LIZARD
SKINK

SLOW WORM
SNAKE
TERRAPIN
THORNY DEVIL
TORTOISE
TURTLE

PUZZLE 120: READ THE SIGNS

```
E E S R R M G N R C L T C R T
V P Y P O C L U E E U I I D I
I N M P O I N T E R T P E O N
D C B P E G S E L I O S T N D
E O O P N O R U C O T E O D I
N D L P P U S I M G P E S P C
C E C N T N O E N P N D N N A
E T G S A P P U I E O R T E T
I I E M Y O G O L A T A N L I
S G D E E R K M U O I C I P O
I R N R A L G R I O C A H O N
E O E U N M B E A L E L H N E
T M M G I O N M M M T P O A I
D E E I R G E S E M U E E O G
U I T F L L O K M V C U D O I
```

CLUE   HINT   POINTER
CODE   INDICATION   POSTER
EMBLEM   LOGO   SIGNPOST
EVIDENCE   MARK   SYMBOL
FIGURE   NOTICE
GESTURE   PLACARD

 TIME ....

PUZZLE 121: THE ANTARCTIC

```
A P G L A C I E R S S A I D K
W D A M U N D S E N E K B A R
I S N I U G N E P S E I E E N
L W E I S E R A L M C S T S O
D I S I L O E L P E S A E E I
E L C C L G E L S S W E T P T
R K O E H D A H O H S A C A A
N E T B D N E R S P L S H C T
E S T E D L C E G O H P T E S
S L W R F S R N S R E T A C E
S A E G A F P E C S W E U I C
W N I D E E D C C N L A N O I
I D A I S S O R T A B L A F S
E D N I W R A L O P C O O H A
N A E C O N R E H T U O S G M
```

AMUNDSEN
ALBATROSS
DESOLATE
FRESH WATER
GLACIERS
ICEBERG
ICE CAP
ICE SHELF
ICE STATION
KEMP LAND

PENGUINS
POLAR WIND
ROSS SEA
SCOTT
SOUTHERN OCEAN
SOUTH POLE
WEDDELL SEA
WILDERNESS
WILKES LAND

PUZZLE 122: SALAD LEAVES

```
I U V L C O R N S A L A D M C
T C E T D R A T S U M D E R O
E F E W A T E R C R E S S L T
L C R B R E D O A K L E A F U
E G U I E E C H A L A M A O L
E L R T S R E U L E B T I A S
C O D E T E G I T S G H L T R
H L W G I E E L L T C A G U C
I L E A S R L E E C E D V H T
C O N R L L T D I T N L A O O
O R D O O T G D N R T R S R L
R O I B U E A M O U D U G O U
Y S V C E R E N E D O S C O C
A S E I S A L A D B U R N E T
S O E N I A M O R T E E W S A
```

BORAGE
CHARD
CHICORY
CORN SALAD
COS LETTUCE
ENDIVE
FRISEE
ICEBERG LETTUCE
LAMB'S LETTUCE

LOLLO ROSSO
LOVAGE
RADICCHIO
RED MUSTARD
RED OAK LEAF
ROUND LETTUCE
SALAD BURNET
SWEET ROMAINE
WATERCRESS

PUZZLE 123: FARM EQUIPMENT

```
R L T L E V O H S I C M E R O
E R E T N A L P O T A T O P H
O M I L K I N G M A C H I N E
R O T A V I T L U C O H V E M
W O R R A B L E E H W L I T A
M S P R I N K L E R O R O R T
I L H E D G E T R I M M E R T
R R E D A E R P S K C U M E O
R T M H E T R A C T O R K K C
I E O O T R A I L E R A S R K
G S R E R E T S E V R A H E E
A I P R K R O F H C T I P E O
T A R A A I R O T A V A T O R
O T L A D O M R E W O M D C A
R K R L C E D T I B A L E R O
```

BALER	MOWER	TRACTOR
CULTIVATOR	MUCK SPREADER	TRAILER
HARVESTER	PITCHFORK	WHEELBARROW
HEDGE TRIMMER	POTATO PLANTER	
HOE	RAKE	
IRRIGATOR	SHOVEL	
MATTOCK	SPADE	
MILKING MACHINE	SPRINKLER	

PUZZLE 124: ANIMALS THAT HIBERNATE

```
L U R T G W R R R U B A S U T
E R R U H R D A T O R E R B P
R E E E A R A E B R A L O P O
R E E E E U H B R L B E R G U
I F S B T H U N E W T E O P E
U T U R T L E W M R P H O S Y
Q R T K T N E O U E E T U L F
S F B N N A E R H G E O F U T
D R K U O D B B D S M R A O D
N O N M R R H E I R E D A S L
U G U P E E H O O T D D N E U
O E K I U A T D T E B A O S T
R L S H S R E U R O I E E P U
G E O C O S B L R L E S N D D
N D T T T U B U M B L E B E E
```

ADDER   HEDGEHOG
BAT   NEWT
BROWN BEAR POLAR BEAR
BUMBLEBEE SKUNK
BUTTERFLY SNAIL
CHIPMUNK   TOAD
DORMOUSE   TORTOISE
FROG   TURTLE
GROUND SQUIRREL

PUZZLE 125: OFFICIAL POSITIONS

```
C A T T A C H E R W N S C I H
F E S C L N O S A C I T M R V
B L H H L R A R D E A N D E R
A E E A U B D E E N L A Y R O
R R R N S E E N F S R P R U D
A O I C N M T O R O E R A S A
S D F E O R A I E R B E T A S
S E F L C E R S T E M S O E S
I L R L T N T S S N A I N R A
M E A O S O S I A O H D O T B
M G S R O R I M M C C E R C M
O A R O V O G M W A D N S N A
C T U E O C A O T E M T T M A
E E B M R A M C A D E Y A P T
N O A T P P R I N C I P A L O
```

AMBASSADOR
ATTACHE
BURSAR
CENSOR
CHAMBERLAIN
CHANCELLOR
COMMISSAR
COMMISSIONER
CONSUL

CORONER
DEACON
DEAN
DELEGATE
IMAM
MAGISTRATE
MASTER
NOTARY
PRESIDENT

PRINCIPAL
PROVOST
SHERIFF
TREASURER
WARDEN

PUZZLE 126: GROUPS OF PEOPLE

```
B O E E B C I B P P G T I T Y
K C A P R C A C G O A G U O Q
D A U Q S N L U U C T R M Y E
N H U H D U E C U Y H P R B T
D O P U B B O M D P E E A I R
R R A R C H G C W T R I E O O
R D R T T O R L O N I R R E U
I E T E E E O T R P N E R T P
E L Y N W A E C C T G T E E E
A C O E E S M S C C E O R U R
T R E T A R G B L I C C O Q A
N L D R I H E R D R R A C I R
E O E A O P M R N T D C C L E
H I D D G R O U P U G L L C E
Y N A P M O C U R A I O B E U
```

BAND	CLUB	CROWD	LOT	SQUAD
CIRCLE	COMPANY	GATHERING	MOB	TEAM
CLIQUE	CORE	GROUP	PACK	TROUPE
	COTERIE	HERD	PARTY	
	CREW	HORDE	SET	

PUZZLE 127: TROPICAL BIRDS

```
I T O R R A P C O C K A T O O
E O T E E K I R O L C G A C B
I D F L A M I N G O E B A U U
R R P A R A K E E T B N N R D
C I V I P I B A A I A I B R G
A B I R D O F P A R A D I S E
S A L W A C A M Y O Y A E P R
S N E K A E O D A B L T B E I
O Y E T A T R B I T C E A A G
W M A D R I B E M U L P R F A
A D R I B G N I K C O M B O R
R W A E R A M R A N L C E W A
Y T V O K T O N A C U O T L N
G O P C O C K A T I E L I A I
L E N P R K O O K A B U R R A
```

ANI
BARBET
BIRD OF PARADISE
BUDGERIGAR
CANARY
CASSOWARY
COCKATIEL
COCKATOO
FLAMINGO

KOOKABURRA
LORIKEET
LOVEBIRD
MACAW
MOCKINGBIRD
MYNA BIRD
PARAKEET
PARROT

PEAFOWL
PLUME BIRD
TOUCAN

PUZZLE 128: POPULAR CHRISTMAS SONGS

```
P O O G M U A I C S A S S Y P
C S H N Y E R E Y Y E A R A L
J T A O B C R R H T G M A D A
E O J S A A E T D A N T E R S
L P U R B E N V E M O S Y E T
A T L E A P F R C N S I T H C
T H E T T F S O E A S R C T H
S E L N N O R T M S A H E O R
R C L I A S Y X B R M C F N I
E A A W S E Y H E I T S R A S
T V H O A P N E R H S I E Y T
N A L R P I R O S H I H P A M
I L Y A W P N I O T R T E T A
W R H N H N Y B N T H S H S S
A Y E T N D A O G A C I T A C
```

A WINTER'S TALE
CHRISTMAS SONG
DECEMBER SONG
HALLELUJAH
HAPPY XMAS
IS THIS CHRISTMAS?
LAST CHRISTMAS

PIPES OF PEACE
SANTA BABY
STAY ANOTHER DAY
STOP THE CAVALRY
THE PERFECT YEAR
WINTERSONG

PUZZLE 129: ALL THINGS RICE

```
J L P P P A A I H A B S T A L
A O P H A O R E K E E T I H W
A G N I A T A I G A I E L S C
A B O N L G N G N K L R N T B
R I N N E A F A O E F B I A N
O L E T I R U O L C L R A C A
M A L A I R C A A L A O R A C
A P M E A Y E M A T W W G D I
T H D L S E E L M T B N E R N
I N I A R G G N O L A H L D O
C I E H L B A S M A T I O E P
A L L E D A T L C W M G H L A
T O O I R O B R A A S I W I J
B S P Y I W I A I I E I I O P
E N I M S A J R R B E O E B U
```

ARBORIO
AROMATIC
BAHIA
BASMATI
BOILED
BROWN
DELLA
EASY-COOK

EGG-FRIED
JAPONICA
JASMINE
LONG-GRAIN
PATNA
PILAU
WHITE
WHOLEGRAIN

PUZZLE 130: POST-CHRISTMAS SALES

```
U  M  A  L  L  S  E  K  C  B  K  N  R  C  C
C  H  R  S  D  I  S  C  O  U  N  T  A  H  E
R  P  E  C  E  B  R  Q  A  R  P  R  A  U  G
E  O  T  S  E  H  T  O  L  C  P  N  P  N  A
A  A  U  G  E  U  E  U  Q  A  G  L  I  O  D
S  A  R  U  I  E  E  S  R  I  G  P  C  D  P
G  N  N  K  N  F  T  K  N  G  P  C  E  A  A
R  L  I  I  I  R  T  G  N  O  A  S  G  I  N
O  F  L  A  E  E  R  C  H  N  G  B  I  N  T
E  N  A  V  G  O  L  S  A  E  C  D  O  Y  P
O  T  D  U  O  R  E  P  G  R  E  A  E  H  I
U  A  A  M  T  C  A  C  T  D  D  W  G  S  E
D  Y  S  U  B  T  V  B  U  N  M  N  G  U  C
H  H  C  N  O  I  T  C  U  D  E  R  E  R  E
R  C  R  E  F  F  O  L  A  I  C  E  P  S  R
```

ADVERTS	GIFT CARD	SHOPPING
BAG	MALL	SPECIAL OFFER
BARGAINS	ONLINE	
BUSY	QUEUE	
CAR PARK	RECEIPT	
CHANGING ROOM	REDUCTION	
CLOTHES	RETURN	
DAWN	RUSH	
DISCOUNT		

PUZZLE 131: TALK ABOUT BALLET

```
E S P M E T E R T N O C A A L
I N T S C H A S S E A D R T A
P I R O U E T T E I E R O R O
E C P L A C B E H G E E T I I
C A R O L N A A A U D P D A G
L B U D I A E G Q A E E N C A
A R R S E L E S N E E I B O D
S I O E U A E C U A O R A B A
S O R M N B E P L I E E S A B
I L E D A S S I L G T T B L M
C E I R J N T U T U N T A L O
A O A E E T I E J I A T O L
L A N M T L L I I T O B T N P
O I M N E S A R C T P E U I A
P R I M A B A L L E R I N A S
```

ADAGIO	CLASSICAL	ROMANTIC
APLOMB	CONTRETEMPS	TOE DANCE
ARABESQUE	DEGAGE	TUTU
BALANCE	GLISSADE	
BALLON	JETE	
BATTERIE	PIROUETTE	
BATTU	PLIE	
CABRIOLE	POINTE	
CHASSE	PRIMA BALLERINA	

PUZZLE 132: ANAGRAMS OF "CHRISTMAS DAY"

```
C S H T I D Y A R M S C A S H
A M M A C S Y D R A H S T I I
R R S H Y D R A M A T I C S C
D A H T Y M S D R A C A S I Y
S Y I M H A S T Y C A R D S S
T H A R D A S M Y S T I C I M
H C H H C D I Y A S S D M R A
I T C S I D Y A T S M R A H R
S I H S C C R T M C A D C Y T
M D M R S R A S I A A A S R D
A A A R M Y D I S H C A T S A
Y S T H C A Y S M R A S I D S
H T S A I D C A R M Y T H S H
S M A D A S T H I S C R Y H S
A R Y D R A H T S A C S I M A
```

ARMY DISH CATS   MAD AS THIS CRY
CARDS THIS MAY   MISCAST HARDY
CHARTS DISMAY   SAD ITCHY ARMS
DISARMS YACHT   SAID CAR MYTHS
HARD AS MYSTIC   SHY DRAMATICS
ICY SMART DASH   STAY MID CRASH
IS A CARDS MYTH   TIDY ARMS CASH
IT'S HARDY, SCAM

PUZZLE 133: TYPES OF PAPER

```
E R L I R M M A N I L A G R T
R E B E O A F L E P E R C C R
P T E R B R O W N I A I T A A
N L D N E C O E L W R X S R B
E I I A O L R H C F A L B B L
X F A O P T P U I S D I H O A
A C L B S L E A W E N F O N W
M S A I U N S C D D E C T F A
L L T O M K A E I L L O H A R
H M F R T E E A I R L P P E A
U U A F I O R F D L A I B L F
R L R L L R G N A R O E D O C
C L K E R C O B G S C R O W N
L E N R E B C S I S H E E T E
T V E U P I P A P Y R U S D C
```

ART
BALLOT
BOND
BROWN
CARBON
CREPE
CROWN
EXAM
FILE

FILTER
GRAPH
GREASEPROOF
INDIA
KRAFT
LAID
LITMUS
MANILA
NOTE

PAPYRUS
RICE
SHEET
VELLUM

PUZZLE 134: FIREFIGHTING

```
I D L E E R D O R L T E H R F
K A E G R P L R F H L E E R R
I E X F U T A L N R U T E E R
A X T F G E A C E F H S U H T
M E I D I M R G S G I C M H G
R E N O E R N U I E S F G N M
S A G S I A E F H E E I X S R
P I U R D R E A R E L R E I R
N T I E E R E E L H A E I D E
S B S H I I E T C A E T E F B
I G H F A E T R H G R I G T M
O A E E L D A L S R G M E S I
G E R I U E R U T S T A E A T
P N T A S B I F R E D D A L E
E U A M E K O M S F C H O S E
```

DANGER
EXTINGUISHER
FIRE ALARM
FIRE ESCAPE
FIREFIGHTER
FLAMES
HEAT

HOSE
LADDER
RESCUER
SEARCHLIGHT
SMOKE
TIMBER

PUZZLE 135: TOYS FOR TOTS

```
T S R E T R O S E P A H S E L
C S R Y T K O O B T F O S O A
R D U Y O T L A C I S U M S M
K A Y K Y T T P L E E Y K C I
O E C F P E Y A L T T C G I N
O B O Y H M C K E A O I E T A
B G Y S O B L B A L Y H Y M D
E N O M N T O C B E I M O C E
R I T R E H T E E T U B A E F
U D H N H E H M L I K Q O T F
T I S D A O T L N L B S S M U
C L U B T L O S T O A E E S T
I S P I T Q Y Y M N U B Y F S
P R C E L T T A R R O R R I M
N E S T I N G B R I C K S O K
```

BALL
BLOCKS
CLOTH TOY
MIRROR
MOBILE
MUSICAL TOY
NESTING BRICKS
PICTURE BOOK
PLAY MAT
PUSH TOY

RATTLE
SHAPE SORTER
SLIDING BEADS
SOFT BOOK
SQUEAKY TOY
STUFFED ANIMAL
TEETHER
TOY CAR
TOY PHONE

PUZZLE 136: AT THE THEATRE

```
P W O E T U F Y D E M O C D T
S C S G H R A N P Y M A A Y Y
C O A S G P R C S O L U I A A
R O E O I N C T C S D S M E L
I E S A R C E T P I D A M M P
P G R P W R I S E S R I T T Y
T A N O Y S A N K D P Y A A T
W T O P A S C M E E L O L E I
P S L E L E Y M A G T P R T L
G A A R P D U R N R W C S P A
Y S E A E T A I O O D O H R R
L U A G S C G L D T U O H P O
P A A O A A C A C N C I L O M
M R C S T E H C D O T A Y E T
T A T S E S T A U G T O F T M
```

ACTOR
AUDIENCE
CAST
COMEDY
COSTUME DRAMA
FARCE
MELODRAMA
MORALITY PLAY
MYSTERY PLAY
PLAYWRIGHT

PROPS
SCRIPT
SHADOW PLAY
SITCOM
SKETCH
SOAP OPERA
SOUND
STAGE
STAGING
TRAGEDY

PUZZLE 137: HERBS AND SPICES

```
U T N I M R K E E R G U N E F
R E L L L I D H A N I S E E D
H M Y B S E T A N P I P C T S
S O J A N O R F F A S I V A A
I M U S Y L U H K R P R M R A
D A N I L C S R C S N S U R K
A D I L G U P R L L U H S A I
R R P C T M E L S E T Y T G R
E A E N I I A V T Y M S A O P
S C R E G N L O O Y E S R N A
R S E V I H C L I L G O D V P
O A E N I M S A J E C P A O V
H R N A O N A G E R O A S D A
M N H A W A T E R C R E S S V
T H Y M E N Y R A M E S O R A
```

ALLSPICE	CUMIN	JUNIPER	PARSLEY
ANISEED	DILL	MINT	ROSEMARY
BASIL	FENUGREEK	MUSTARD	SAFFRON
CARDAMOM	HORSERADISH	NUTMEG	TARRAGON
CHIVES	HYSSOP	OREGANO	THYME
CLOVE	JASMINE	PAPRIKA	WATERCRESS

PUZZLE 138: WORDS THAT GO TOGETHER

```
D N O Y E B D N A E V O B A E
E P L A I N A N D S I M P L E
T R I A L A N D E R R O R D A
E S E L D E E N D A S N I P
N Y L N O D N A E N O U L O D
A A H I D N R N F G O T W D T
W L L A F N N D D S A N H L U
D N F I R E A N D W A T E R O
N Y O U N G A N D O L D U D D
A I E A C H A N D E V E R Y N
X O N I C E A N D E A S Y D A
A E A U F A O E L S A I L N R
W U O A O A A C W A O N D E E
L T S H U F F A N D P U F F V
D P E N A N D P A P E R L V O
```

ABOVE AND BEYOND

EACH AND EVERY

FIRE AND WATER

HUFF AND PUFF

LIFE AND SOUL

NICE AND EASY

ONE AND ONLY

OVER AND OUT

PEN AND PAPER

PINS AND NEEDLES

PLAIN AND SIMPLE

SAFE AND SOUND

TOUCH AND GO

TRIAL AND ERROR

WAX AND WANE

YOUNG AND OLD

PUZZLE 139: ANTELOPES AROUND THE WORLD

```
K O R Y X A U B E E B G B G W
I T S E E B E D L I W E L R A
D G D L R G U N U O R M A H T
K A R B L D I S W K D S C E E
I Z R D O P H B H R B B K B R
D E E I A N L G E B B O B O B
A L K G C N G E L E U K U K U
E L I E A S D O G R N C C D C
W E U O K B E G U D G W K H K
A R D N U H E R O L E L O L C
A B E C R U E H O R N L E H A
H Y K A L A Y N E W H C E L N
D N A L E D N R O H G N O R P
T X A D D A G E R E N U K A I
I A G L I N K I A I M P A L A
```

ADDAX	GAZELLE	NYALA
BLACKBUCK	GEMSBOK	ORYX
BONGO	GERENUK	PRONGHORN
BUSHBUCK	GNU	REEDBUCK
DIK-DIK	IMPALA	RHEBOK
DUIKER	KUDU	SEROW
ELAND	LECHWE	WATERBUCK
ELK	NILGAI	WILDEBEEST

PUZZLE 140: LIVING SPACES

```
S L U M A R L E E H R G I H A
R B E T O E S N H D A A T I B
V O O O L H B O T R L H V E O
M O B O I O V G R G A C U E D
B T U O A E D E E L T R Y P E
A H N L L V T G L T H T H E L
T T K G S E H U E A N O D T C
O A E I N C G A R A U T E A C
W I R T D A R A H S T O S T A
E B A A I L L S E A B A B T B
R G P C H A L E T A H C A D I
B U L L A P T A V E R N L D N
T N A G O H A D P L A B I R C
T O O T E E A A G O C A E E H
A L L I V L C S H O T E L B T
```

ABODE	GARRET	PALACE
BOOTH	HALL	SHANTY
BUNKER	HOGAN	SLUM
CABIN	HOTEL	TAVERN
CASA	HOUSE	TENT
CHALET	HOVEL	TEPEE
CRIB	IGLOO	TOWER
DACHA	LODGE	VILLA

PUZZLE 141: THE NORTH POLE

```
R I P R E G A S S A E T N L T
H A M E E T Z A M I Z L Z A T
E T E L R E S L P R R A P H I
R L R B H M F R N E A E E W F
T E O O R R A A E B T S H R R
W A E P N A O F E I A E A A E
A R A D C C L R R S C C G N E
L D P B N I I O E O E A U N Z
R N T I T I T T P Z S U L G I
U U D C R O E E E I B T E G N
S T O E A M B R N N O U B B G
A O C I T C R A G G G R S N R
U O B I R A C C S U A A E A E
B N U S T H G I N D I M M A L
F L E M M I N G N I R E R F A
```

ARCTIC

BELUGA

CARIBOU

FREEZING

GLACIERS

ICE

LEMMING

MAGNETIC NORTH

MAGNETIC POLE

MIDNIGHT SUN

NARWHAL

PERMAFROST

POLAR BEAR

REINDEER

SEAL

SIBERIA

SUBZERO

TUNDRA

WALRUS

PUZZLE 142: TYPES OF BEAN

```
S U E D R U Y P R E T T U B R
H R L D T A I I E A D R N D I
A E I W L N H H R I R Z D L K
R D M R T E G U T X W E L N T
I K A O I N N T A H Y I D U B
C I A N U N O W I E H H M A N
O D I M E L B T K C C C L C L
T N I R R A N C D N I B D K N
R E Y O E H A H E L A N L H I
D Y B R B L N R B L D U H A E
K Z I N B L F K N N B I M C A
T I B N A E B Y O S K T T I C
L D M E O V E U I R N L E E P
T C A R O B Y R D E G N I W S
R R R A A D Z U K I Y E R A E
```

ADZUKI	HARICOT	RUNNER
BLACK-EYED	LABLAB	SOYBEAN
BORLOTTI	LIMA	URD
BUTTER	MUNG	WAX
CAROB	NAVY	WINGED
CHILLI	PINTO	
FRENCH	RED KIDNEY	

PUZZLE 143: CAROL COMPOSERS

```
A D S W I T T E S S O R D T S
T S J H T T A K W R O C D U D
J T O O A W T W E E W A B W K
H N E W U W U N O E V A R A B
T O S I E B D D X I K W O R L
R P X L R E E S S E J D R L L
O R N L R E M R R N W U O O E
W E A C W L U E T A T A N C W
S I E O S A A H R T S O D K S
D P R C R E R R E E D I A E O
A K H K A N T R D E I T E S B
W O N S E R T R U B X E V U R
S S W E S L E Y T M O H R E U
A O H C Y V O T N O E L S S X
O I S M L V N S E M A J I X R
```

BAKER	MOHR	SHAW
BOSWELL	NEALE	WADE
BURT	PIERPONT	WADSWORTH
DAVIS	REDNER	WARLOCK
DIX	ROSSETTI	WESLEY
JAMES	RUTTER	WILLCOCKS
JOUBERT	SEARS	WORK
LEONTOVYCH	SEUSE	

PUZZLE 144: POTATO DISHES

```
R T R T O S P I H C L A P P S
R O O O M H B O X T Y O E S E
R C A T H C N O B H T H R N K
E E S T H C A D C A A D O N A
N T T O B U T A T S E E S I C
D E K A B D G O H H B E T T N
E B P G O K S B S O I E I A A
P L X D N A R A N R P H O R P
O A C S L O M B F H I A E G O
L C A A W I C H L M P E N U T
L K D N N C C A B G S T A A
A E S H H N C O H O R A L E T
C N E B E S S O O I T E O P O
S E T R S B O I L E D Y H H P
A D F P O T A T O S O U P P W
```

AU GRATIN
BAKED
BLACKENED
BOILED
BOXTY
CHIPS
FRENCH FRIES
GNOCCHI
HASH BROWNS

MASHED
POTATO PANCAKES
POTATO SALAD
POTATO SOUP
ROAST
ROSTI
SCALLOPED

PUZZLE 145: MEAT DISHES

```
T B O T S A U S A G E P U L S
B I U S G T R U G O G O K S R
O I A A S E H R D R I H E K E
L O S O B C U S S E S C H A G
O N I R C O E A A S S U B E R
G L U T T A U L T L C I U T U
N P E O L S S R O T U E A S B
E U N P G L O S G R B O I R H
S L W A C G A T O U E E G S B
E L S E A S L B D U I S S O P
I E E N T S H L T K L G S N K
O D O A E S L S E A E E N A D
R F O S L B O E S A E B T O C
F F W A F S O G O H S M A U N
S E O A L T C U T L E T W B U
```

BOLOGNESE
BOURGUIGNON
BRAISED
BURGER
CASSEROLE
CASSOULET
CHOP
CUTLET
GOULASH

KEBAB
MEATBALL
POT ROAST
PULLED
SAUSAGE
STEAK
STEW
STROGANOFF

PUZZLE 146: MOVIE STUNTS

```
I R U N A W A Y T R A I N P A
S O E V I D E N A L P M A I F
R O P E S W I N G E H E P N T
G N I L T S E R W S L M U H F
F R E E F A L L A E U M G I C
S K Y D I V E M L J C I R A N
T A V S N T S C L A F E R F G
A B M S A W Y L R D B C M G S
B L S S O C A C R A R A E C N
M L S D R F H O L A W L V C U
O L N O R A W L S R L P C I E
C I T E S S D H G N I L L A F
W O T E H R E X P L O S I O N
M A L A M I N A D E N I A R T
W U B R L E P M U J E S A B G
```

BASE JUMP   MOTORCYCLE LEAP   SWORD FIGHT
CAR CHASE   PLANE DIVE   TRAINED ANIMAL
CAR CRASH   ROPE SWING   WATERFALL JUMP
COMBAT   RUNAWAY TRAIN   WINDOW SMASH
EXPLOSION   SKYDIVE   WRESTLING
FALLING
FIREBALL
FREEFALL

PUZZLE 147: THEY'RE ALL POETS

```
C S R E E D A L L A B R W Y R
I L E R R H Y M E R E O T V E
T Y T E A V I P O G R S E Y I
A R S K D R A B N D I R E R R
L I E A L T R O S G S V R M H
O C M M A M M E I E E B T R M
E I Y E E I L F R E E S E M
L S H S S T E I S T A I I R I
U T R R H E C E E T L F E H N
C R E E C A S N P L I S P Y S
I V S V T M N O Y S R E M M T
T V B O I O E D R E T I T I R
E E R T S I E V Y T T E S E
O E H E E T V T E B E I E T L
P G W H R E T S A T E O P E T
```

BALLADEER	RHYMER	VERSIFIER
BARD	RHYMESTER	WORDSMITH
BEAT POET	RHYMIST	
ELEGIST	SONNETEER	
IDYLLIST	VERSEMAKER	
LYRICIST	VERSEMONGER	
MINSTREL	VERSER	
POETASTER	VERSESMITH	
POETICULE	VERSIFICATOR	

PUZZLE 148: COUNTING IN FRENCH

```
A X E Q U A T O R Z E N O X T
Q I E E P R E H T E Z I E S R
E X X C I D T U T U S I D N E
Q E I E O V T I Z D S I D P I
R U R N A U T T V O O I O T Z
Q R I T T D U I N N S U Q R E
N E E N E E N Z T E E I Z E T
I T I Q Z G E E I N P Z T E A
C N N I T E D T T T N E U F
I A E D E U X T T N E O T R D
S X I Z U I O X I R A E Z E O
I I U T V E E A T R O R Z U R
X O S O T D I X A X U A A E I
I S C Q U A T R E I E T R U S
Z E Q S R R Z O R C I I A A Q
```

CENT	QUATRE	VINGT
CINQ	QUINZE	ZERO
DEUX	SEIZE	
DIX	SEPT	
DOUZE	SIX	
HUIT	SOIXANTE	
NEUF	TREIZE	
ONZE	TRENTE	
QUARANTE	TROIS	
QUATORZE		

PUZZLE 149: PARTS OF A CHURCH

```
N Y O F R E W O T L L E B A E
L S A T S L A C A A B S T T A
A R S L A P A I L A F S E Y L
N T A T S P L C P O F O Y S T
O C O E E A S T A Y I T N N A
I B H S A E I T R S S S S T R
S E E I U S P A E I T P T B S
S L O V T W U L R S Y C E E O
E F L E A T S C E S H L O E R
F R R A C N A L B A S P L B P
N Y T N C S W I P I R E P U E
O A A O L E P E A T F W L R N
C S S R N A L E S U R P I O F
P Y T R T P I I H E I P I O T
P S T P E S N A R T S E T A E
```

AISLE	CHAPEL	PULPIT
ALTAR	CLOISTER	SACRISTY
APSE	CONFESSIONAL	SANCTUARY
BAPTISTERY	FONT	SPIRE
BELFRY	NAVE	STEEPLE
BELL TOWER	PEW	TRANSEPT

PUZZLE 150: COUNTRIES IN ASIA

```
V M I N D O N E S I A E N Y M
I A O A V N J A P A N I I E A
E J T N A L L E Y S R N S M S
T I H I G I S I N I O R O E I
N N A H S O S I N D I A O N N
A M I C A I L Y J L N A L S G
M A L N U M O I A O E O K A A
S L A N D S I N A L R I U A P
H D N N I Q K S I T A D W I O
I I D C A A P T R N N M A R R
R V N A R T R A M A N A I N E
S E S I A A R H A N E I T I I
A S G A B R G E A A A L E H N
I R A N I P A M A B I R A Q N
R N E P A L O N A T S I K A P
```

BAHRAIN	LAOS	SRI LANKA
CHINA	MALAYSIA	THAILAND
INDIA	MALDIVES	VIETNAM
INDONESIA	MONGOLIA	YEMEN
IRAN	NEPAL	
IRAQ	OMAN	
ISRAEL	PAKISTAN	
JAPAN	QATAR	
JORDAN	SAUDI ARABIA	
KUWAIT	SINGAPORE	

 TIME ....

PUZZLE 151: SPORTS GEAR

```
S T J T E L W P E L D N U P C
E E A L H L C U D I S C U S E
T M V O O B S C K I K E B K T
E L E D C B U K L C E K D S A
K E L J K N T L O C S E C D B
C H I C E B C C I T N I A C
A U N T Y A E G K B T C C P B
R K A B S L L S L S S D R W S
L K E C T L S E O O S G K O E
R K U T I D P P S G V H L B T
B E U L C T L I E I G E S L A
E H T D K A S P E I O M S E K
S K C K O C E L T C T C C O S
U I S G E I S S L H U R D L E
S A K L S K N U R T M I W S L
```

BALL	GOALPOST	RACKET
BAT	HELMET	SHUTTLECOCK
CLUB	HOCKEY STICK	SKATES
CUE	HURDLE	SKIS
DISCUS	JAVELIN	SWIM TRUNKS
ELBOW PADS	NET	TEE
GLOVES	PUCK	

PUZZLE 152: CHRISTMAS MOVIES

```
E Y T R T D O O Y R E A A A D
J A H I H A L F R A T R W C N
O W E E E U L G O I N T H H A
Y E N S H E A N T X R H I R L
E H U C O O X I S S O U T I Y
U T T R L F N S S O H R E S O
X L C O I R N S A O M C C T T
N L R O D E I L M A I H H M N
O A A G A D Y E T T X R R A I
E E C E Y C A G S N E I I S S
L L K D Y L D N I A D S S C E
L G E A O A I A R S N T T A B
S N R N S U L S H D U M M R A
H I E L S S O A C A T A A O B
C J B S L U H W A B S S S L N
```

A CHRISTMAS CAROL
A CHRISTMAS STORY
ANGELS SING
ARTHUR CHRISTMAS
BABES IN TOYLAND
BAD SANTA
ELF
FRED CLAUS
HOLIDAY INN

HOME ALONE
JINGLE ALL THE WAY
JOYEUX NOEL
MIXED NUTS
SCROOGED
THE HOLIDAY
THE NUTCRACKER
WHITE CHRISTMAS

PUZZLE 153: BREAD PRODUCTS

```
S A A P T B A F R R T C O S E
A A L L O E S O G D A S B T E
H C A R R T L U A F T A A O T
I C D I T L E H E T A B S G T
E A A T I O P P E I E O K C E
H F E T L A I E M B E T L I U
C O R A L E A K W U U C I A G
O C B P A F B A A R R C O L A
I A A A R S B C A C A C W B B
R C D H C R N A L B E P A I U
B C O C O A L E B L A R T D N
A I S C I F F T B P B E I C G
G A C I A B A T T A C P T C T
E B O A A T N A S S I O R C K
L E C A A S A N E A R T O B B
```

BAGEL

BAGUETTE

BRIOCHE

BUN

CHAPATTI

CIABATTA

COB

CROISSANT

CRUMPET

FOCACCIA

LOAF

ROLL

SODA BREAD

TEACAKE

TORTILLA

WRAP

PUZZLE 154: PLAYING CARDS

```
I A G S N R W C F I R O N E I
G S E K M E U N U E S U E G C
A E T T I C N N T H N G E E H
I T M S O N W I D X A H U E E
P N S I K E G O N T R T Q N I
T D N R T E E W H N E N N V E
E K R F I T H T C A R N Q H K
A N L F K T S I X K C A J E E
E T S E W H D G V E A H I A M
C R N G I G N H E N F H E R U
A W F P E I O E D I A A G T H
B I E C F E M S V E E D A P S
U A G O R B A E E S E V E N A
L N U M K H I T H R E E E H U
C R X I U S D E I H C P F E T
```

ACE   NINE
CLUB   QUEEN
DIAMOND   SEVEN
EIGHT   SIX
FIVE   SPADE
FOUR   TEN
HEART   THREE
JACK   TWO
KING

PUZZLE 155: DOG COMMANDS

```
L D K C O W L H L E E S G D O
O L S S I L S P W P M U M D T
D E L D D A P K A C P O T H R
O O D N O E O I E E E H C A O
S A H E Y W O C L O E S O E L
W H J J A H N T B E K U D A L
P S T U T E U I L W A Y R H O
E O O M S H E S N I B P U C V
L R E P C D K O T B O H A T E
H L B T W E A A T E O S D A R
T T E R O E H B A G M T H C C
M F W B L M S A E O T O H E T
A I A E S E E L G A A P E V T
U R I O O B I U K S O E K L P
K V T W S T H L P E A W G L G
```

BARK
BEG
CATCH
COME
DOWN
EAT
FETCH
HEEL
HUG
JUMP

LIE
PADDLE
PEEKABOO
ROLL OVER
SHAKE
SIT
SLOW
STAY
STOP
WAIT

PUZZLE 156: TAKE A BREAK

```
F F O Y A D E H T E V A H E E
X E X V H C N U L R O F O G M
T A K E A H O L I D A Y D F D
F S D N E I R F T E E M K N R
D C E L X O R O T F B A N F I
P U T E E F R U O Y T U P X A
L E T Y O U R H A I R D O W N
I O G O F O R A W A L K X F T
U L C U P O F T E A E F T R E
U N F Y K A E R B E E F F O C
C C W P U R R K C A B T I S A
E B Y I E E Y R I O F T U L F
Y K O L N H A V E A N A P C U
Y Y A P N D E A Y O B R K F S
R X C U N O I T A C A V B E A
```

COFFEE BREAK   MEET FRIENDS
CUP OF TEA   PUT YOUR FEET UP
GO FOR A WALK   RELAX
GO FOR LUNCH   SIT BACK
HAVE A NAP   TAKE A HOLIDAY
HAVE THE DAY OFF   UNWIND
LET YOUR HAIR DOWN   VACATION

PUZZLE 157: BEEKEEPING

```
E A S D N M E K O Y T A G B L
T S E S O E E W X C N V E F E
I W V R I C S G B A U O Y O Q
U A O H E M M T S W W S L E S
S G L R E K R O W E H S G O M
E G G A E N O R D O M Y E G C
E L N E F B O R N S L A A E E
B E B M O C A E S L M E R O B
W D R O L T Y E E N O N F C
N A N O C J S J C N E Y K N E
E N R E N O L E B O E V A E S
E C N R L A L R M D O L I M R
U E B H Y L O N L N O D L H D
Q S E O S O M B B F O C L O U
E N R S D E S W A R M O U E P
```

BEE SUIT
BEESWAX
BROOD
CELLS
COLONY
COMB
DRONE
EGGS
FRAMES
GLOVES

HIVE
HONEY
NECTAR
NEST
POLLEN
QUEEN
ROYAL JELLY
SMOKER
SWARM

WAGGLE DANCE
WORKER

PUZZLE 158: CHRISTMAS STORIES

```
R W T X T I S T T M O C S A E
E O H O H I A F I I I M C C C
C N E B E L M I L D H T T H S
I S F S S L T G I W T H R R W
N S I A N H S T S I E I N I R
O R R M O M I S F N S S E S M
S E S T W I R E U T S E M T R
Y T T S M H H T M E E M O M S
A N N I A O C A T R N I W A M
D I O R N R S E H E A H E S I
I W E H A T G R E T T C L C R
L O L C R M O G G S H E T A A
O I K E R O M E I E I H T R C
H E E H I I A H F C A T I O L
R S E T I E H T T A A H L L E
```

A CHRISTMAS CAROL
CHRISTMAS TREES
HOLIDAYS ON ICE
LITTLE WOMEN
MIDWINTER
MOG'S CHRISTMAS
MRS MIRACLE
THE CHIMES

THE CHRISTMAS BOX
THE FIRST NOEL
THE GIFT
THE GREATEST GIFT
THE NUTCRACKER
THE SNOWMAN
WINTERS' SNOW

PUZZLE 159: CONSTELLATIONS

```
E A I E P O I S S A C O C A O
R Q R R O N I M S I N A C S G
U R S A M A J O R I L S D P R
S E I R A E R E C N U C A I I
E S A C T A A G T I R O D S V
P U C Q E O I N P M S R E C S
Y N S A U P I U E E A P M E U
X R O I R A H A E G M I O S S
I O A M S B R E N U I U R S A
S C G O R S I I U O N S D G G
I I L I A D E L U S O P N R E
C R E P E R S E U S R N A E P
R P O M T C A N I S M A J O R
R A U R T A U R U S S P M Q R
R C O S U I R A T T I G A S A
```

ANDROMEDA	CEPHEUS	PYXIS
AQUARIUS	GEMINI	SAGITTARIUS
ARIES	LEO	SCORPIUS
CANIS MAJOR	LIBRA	TAURUS
CANIS MINOR	PEGASUS	URSA MAJOR
CAPRICORNUS	PERSEUS	URSA MINOR
CASSIOPEIA	PISCES	VIRGO

PUZZLE 160: SUPERFOODS

```
E B B E W S L A E M T A O W N
A Q G L A P K E F I R D C G U
G G O A T I E B L I D I O A B
S R D K E N I T B I E J E I H
L A G E R A G E L T I A G A S
I S I C M C B O U B S S S E E
T D N E E H C E E D D E N Q I
N E G E L C A R B E N L A U R
E E E M O I R R E E O D E I R
L S R R N I M S R W M F B N E
O X B A E U A L R A L E O O B
N A I S E I B C I E A M S A I
B L L E H T E B E S L R E O A
R F E C A R S I S A E I N B C
A E T N E E R G S B L S L E A
```

ACAI BERRIES
ALMONDS
BEANS
BLUEBERRIES
BROCCOLI
CHIA SEEDS
EGGS
FLAXSEEDS
GINGER
GOJI BERRIES

GREEN TEA
KALE
KEFIR
LENTILS
OATMEAL
QUINOA
SALMON
SEAWEED
SPINACH
WATERMELON

PUZZLE 161: ONCE IN ROYAL DAVID'S CITY

```
I T R N E M T M A I D E N E G
R O S A E O V O H H M E O M D
E E L S D T M G E S T A B L E
D L A O H H T E A Y I D T N M
E E D R T E E N V E L I V O O
E E B I T R O T E H E W H A B
M Y L O H H N L N T A N O H E
I E S E W E M E L T T A C L D
N T A H I H A E L T T I L N I
G E E N E L N C M P D O O G E
A H T V I D G Y H A N O N B N
T Y D L A E E G N I A H O E T
R O O P O I R E O H L H L T T
T T O A C V X M I P O D A B T
E M E H S O E M C R O W N E D
```

CATTLE	HOLY	MOTHER
CHILD	LITTLE	OBEDIENT
CROWNED	LOVE	OXEN
EARTH	LOWLY	POOR
GENTLE	MAIDEN	REDEEMING
GOOD	MANGER	SHED
HEAVEN	MEAN	STABLE

ALL THE
ANSWERS

1

```
J O S E P H H J
F T E C A R O L
A E L C E Y P I
I V Y V A E E
T L E M A R Y L
H O L L Y Y G E
G A B R I E L O
S A L O H C I N
```

2

```
L W I S E M A N
M O I N D N Y E
A S R E P I P A
S E I D A L A R
T S S U S E J M
E Y R A M A D A
R D A V I D A N
H E R O D A V A
```

3

```
B S N O W M A N
S E P A T N A S
E L R S I L T R
T E E R T V M O
E G S I I A Y B
D I E R G E R I
D F N R T H S N
Y T T Y L L O H
```

4

```
I T I F F A R G
L R F K L L I A
P I A K P I M M
A A A F I B A U
N L A W A I G E
I K I A E S I S
N K H A K I R L
I I B B A R O I
```

5

```
N N L R L H C A
E O L T A Y H R
G T N H D D L G
O P Y E E O R O
R R Y G L X O N
T Y I R G R I E
I K X U L E N N
N N O M E N E
```

6

```
K R A B L E A T
N R P U S S I H
I R R Z M N M T
O U I Z M C R A
W P H G R O W L
O B C O N O O O
E Z A S R A O R
M K K A E U Q S
```

7

```
A E N O L E M P
E N E M I L E A
G P A P P L E C
D M A N G O M H
A C P R A E O N
T G A E G B N N
E E N A R O A
D H C H E R R Y
```

8

```
N R S S O N T T
I E T E D S O S
C I N I V S Y I
E N E R A L S L
L D E I T L E H
I E S A I A S I
S R P F A T A W
T R P T S D I W
```

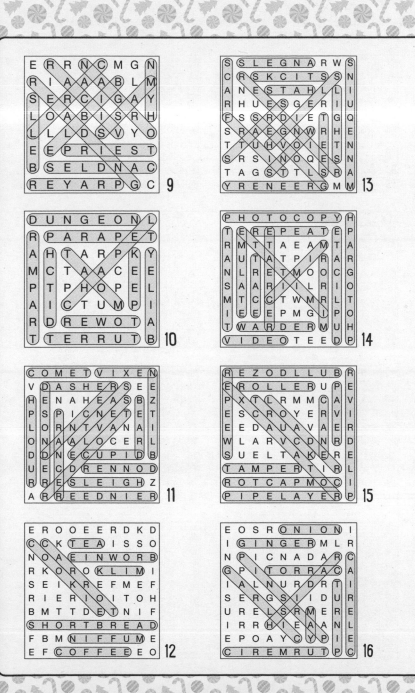

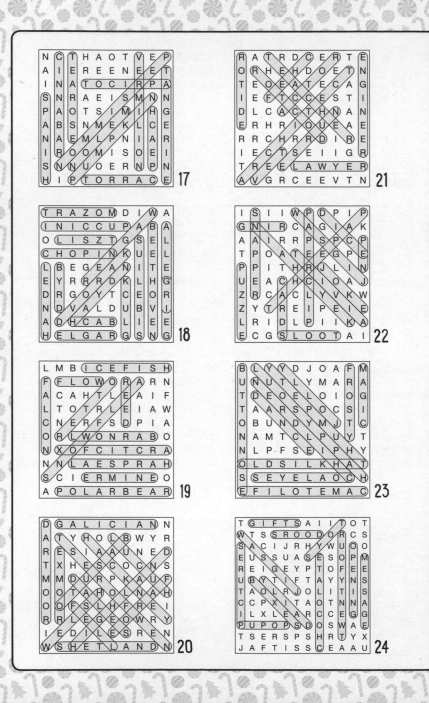

INTERMEDIATE

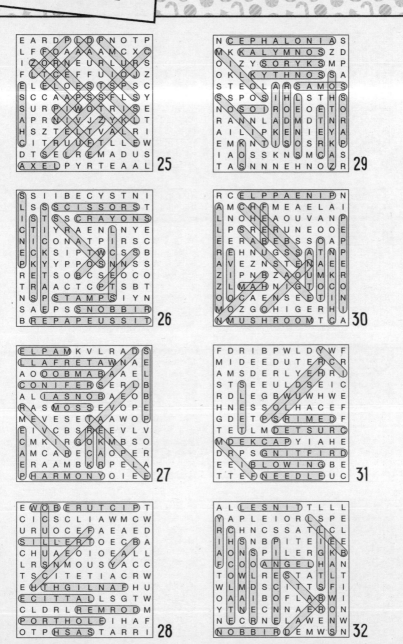

25

```
E A R D P L D P N O T P
L F F O A A A A M C X C
I Z O R N E U R L U R S
F L T C E F F U I O J Z
E E L O E S T S P S C
S C C A A P S S F L S Y
S U R P I W O T R I S E
A P R N I V J Z Y K L T
H S Z T E L T V A L R I
C I T R U U E T L L E W
D T S E L R E M A D U S
A X E L P Y R T E A A L
```

26

```
S S I I B E C Y S T N I
L S S S C I S S O R S T
I S T S S C R A Y O N S
C T I Y R A E N L N Y E
N E I C O N A T P I R S C
E C K S I P T W C S S B
P K Y Y P P O S N N S S
R E T S O B C S E O C O
T R A A C T C P T S B T
N S P S T A M P S I Y N
S A E P S S N O B B I R
B R E P A P E U S S I T
```

27

```
E L P A M K V L R A D S
L L A F R E T A W N A E
A O O O B M A B A A E L
C O N I F E R S E R L B
A L I A S N O B A E O B
R A S M O S S E V O P E
M E V E S E T A A W O P
E I V C B S R E E V L V
C M K I R G O K M B S O
A M C A B E C A O P E R
E R A A M B K R P E L A
P H A R M O N Y O I E E
```

28

```
E W O B E R U T C I P T
C I C S C L I A W M C W
U R U O C E F A E A E D
S I L L E R T O E C B A
C H U A E O I O E A L L
L R S N M O U S Y A C C
T S C I T E T I A C R W
E H T H G I L N A F H U
E C I T T A L L S G T W
C L D R L R E M O R D I
P O R T H O L E I H A F
O T P H S A S T A R R I
```

29

```
N C E P H A L O N I A S
M K K A L Y M N O S Z D
O I Z Y S O R Y K S M P
O K L K Y T H N O S S A
S T E O L A R S A M O S
S S P O S I H L S T H S
N O S O I R O E O E T O
R A N N L A D M D T N R A
A I L I P K E N I E Y A
E M K N T I U S O R K P
I A O S S K N S M C A S
T A S N N N E H N O Z R
```

30

```
R C E L P P A E N I P N
A M C H F M E A E L A I
L N O H E A O U V A N P
L P S R E R U N E O O E
E E R A B E B S S O A P
R E H N U G S S A T N P
A V E Z N S T E I N A E
Z I P N B Z A O U M K R
L M A H N I G T O C O N
O O C A E N S E E T I I
M O Z G O H I G E R H I
N M U S H R O O M T C A
```

31

```
F D R I B P W L D Y W F
M I D E E D U T E R C R
A M S D E R L Y E H R I
S T S E E U L D S E I C
R D L E G B W U W H W E
H N E S S O L H A C E F
G D E T P S R I M E D F
T E T L M D E T S U R C
M D E K C A P Y I A H E
D R P S G N I T F I R D
E E I B L O W I N G B E
T T E F N E E D L E U C
```

32

```
A L L E S N I T T L L L
Y A P L E I O R L S P E
R C H N C S S A T L C L
I H S N B P I T E I E E
A O N S P I L E R G K B
F C O O A N G E L H A N
T O W L R E S T A T L T
W L M D S C I T T S F I
O A A I B O F L A B W I
Y T N E C N N A E R O N
N E C R N E L A W E N N
N O B B I R D E M W S N
```

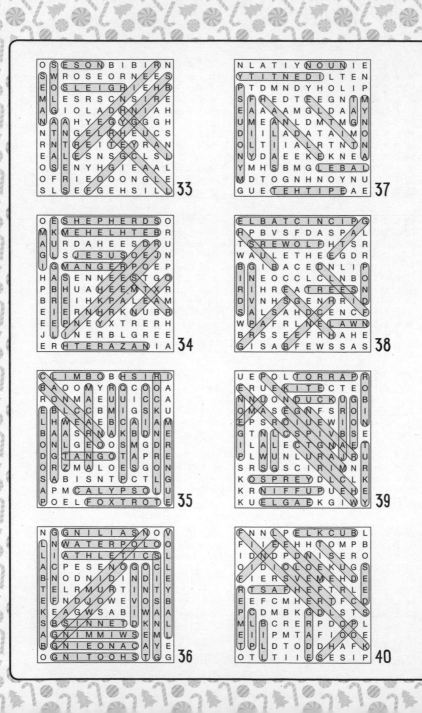

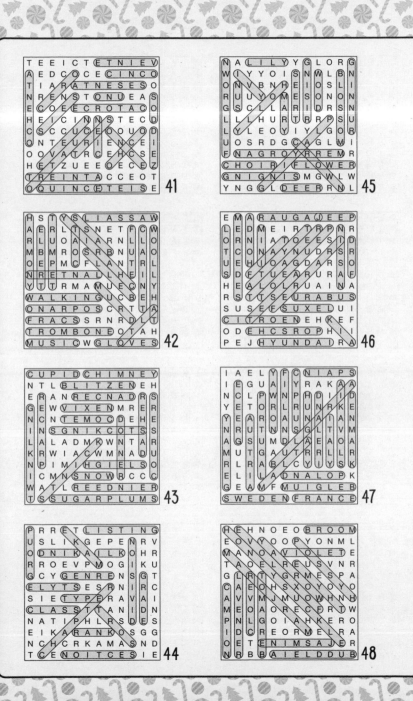

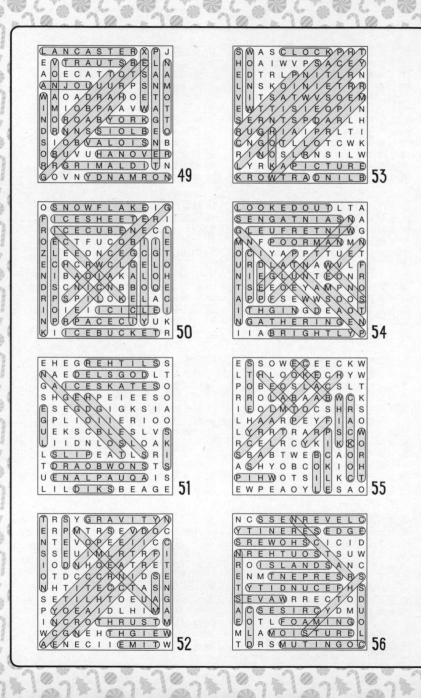

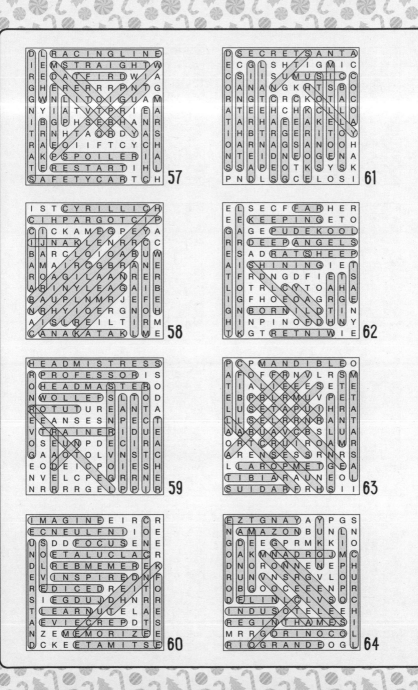

ADVANCED

G	H	A	D	O	U	G	H	N	U	T	E	A
P	A	N	C	A	K	E	E	O	P	G	C	J
E	S	O	A	E	R	N	G	G	U	H	I	M
C	H	T	P	C	T	G	G	A	H	Y	U	O
I	B	A	S	E	E	E	E	N	C	R	J	O
U	R	M	A	A	D	R	D	O	T	T	E	R
J	O	O	W	E	O	E	E	C	E	S	G	H
E	W	T	I	F	I	T	H	A	K	A	N	S
L	N	R	C	D	R	O	C	B	L	P	A	U
P	F	R	U	I	T	S	A	L	A	D	R	M
P	T	N	A	S	S	I	O	R	C	S	O	P
A	T	I	U	R	F	E	P	A	R	G	E	A
D	F	A	J	U	E	G	A	S	U	A	S	A

65

U	A	D	N	A	L	K	L	A	F	M	N	M
L	E	E	W	A	R	D	B	R	I	A	N	E
A	O	I	G	I	A	A	F	C	I	N	A	L
V	N	L	N	E	L	N	R	S	A	I	E	A
U	L	I	O	E	A	O	E	O	A	O	D	N
T	I	R	A	I	N	N	M	I	E	N	I	E
A	A	R	J	E	Y	A	S	L	O	I	R	S
F	I	I	S	L	S	A	O	A	L	A	B	I
C	E	I	O	A	W	Y	M	I	I	N	E	A
S	A	P	Y	R	A	N	A	C	A	P	H	N
N	P	H	I	L	I	P	P	I	N	E	I	W
B	R	I	T	I	S	H	V	I	R	G	I	N
N	A	Y	W	I	N	D	W	A	R	D	N	M

69

S	E	E	O	T	R	I	S	S	C	H	N	T
E	O	A	A	T	I	H	E	T	H	E	O	O
N	S	T	S	O	H	G	S	I	R	V	B	O
E	M	F	R	A	G	T	N	A	I	E	O	G
G	C	T	R	E	E	C	E	M	S	S	B	R
O	T	U	I	E	R	H	K	A	T	A	C	E
O	K	R	E	W	D	A	C	R	M	M	R	E
R	D	K	S	H	A	I	I	L	A	T	A	D
C	N	E	E	N	T	N	D	E	S	S	T	T
S	R	Y	S	I	A	S	T	Y	P	I	C	A
T	I	N	Y	T	I	M	T	C	A	R	H	S
R	I	K	M	B	L	E	A	K	S	H	I	G
T	K	T	M	M	I	S	E	R	T	C	T	T

66

S	S	S	Y	L	V	E	S	T	E	R	N	E
B	B	U	N	N	I	C	H	O	L	A	S	H
S	O	N	N	E	R	O	D	O	E	H	T	A
U	N	H	O	I	H	N	E	J	L	M	I	D
I	I	O	E	P	R	P	C	M	U	A	J	R
S	F	J	L	N	I	E	E	I	A	L	R	I
A	A	R	O	T	C	I	V	T	P	E	C	A
T	C	J	U	L	I	U	S	E	S	X	L	N
S	E	M	P	U	R	B	A	N	S	A	E	X
A	N	B	E	N	E	D	I	C	T	N	M	N
N	C	E	L	E	S	T	I	N	E	D	E	T
A	O	S	U	I	G	R	E	S	N	E	N	J
S	E	I	N	N	O	C	E	N	T	R	T	E

70

O	I	C	L	E	M	E	N	T	I	N	E	I
E	S	P	O	R	D	W	O	N	S	P	O	E
D	T	N	I	M	R	E	P	P	E	P	M	C
C	A	A	E	E	R	T	E	N	I	P	U	I
O	O	E	L	L	E	F	E	G	O	L	L	P
O	S	I	R	O	C	R	I	U	R	M	P	S
K	M	P	R	B	C	L	T	G	E	I	R	R
I	U	F	I	K	R	O	O	R	S	E	A	E
E	L	E	E	I	N	E	H	V	I	B	G	T
S	P	N	W	S	M	I	G	C	E	F	U	N
C	I	N	N	A	M	O	N	N	T	S	S	I
M	A	N	D	A	R	I	N	S	I	O	E	W
E	T	I	U	R	F	E	P	A	R	G	H	I

67

L	E	S	M	I	S	E	R	A	B	L	E	S
Y	D	D	U	B	S	C	G	R	E	A	S	E
A	M	M	A	E	C	H	T	S	U	L	M	V
C	E	Y	T	L	I	E	H	S	A	A	I	C
H	A	F	I	S	S	S	E	S	L	V	H	M
O	N	A	V	S	T	S	L	Y	A	S	A	A
R	D	I	E	L	T	L	I	F	D	S	I	M
U	M	R	E	V	I	L	O	W	D	E	R	M
S	Y	L	S	C	G	R	N	I	I	R	S	A
L	G	A	C	T	E	I	K	C	N	T	P	M
I	I	D	I	V	A	E	I	K	T	I	R	I
N	R	Y	E	R	E	C	N	E	S	A	A	A
E	L	R	E	O	I	E	G	D	A	W	Y	R

71

R	E	P	A	P	G	N	I	P	P	A	R	W
S	I	L	K	H	S	G	G	S	A	E	E	R
C	R	B	O	B	A	I	G	D	P	P	E	B
O	R	L	B	B	A	A	B	A	A	T	R	T
S	L	E	T	O	T	T	P	T	T	O	G	R
Y	R	F	P	T	N	E	I	I	W	N	T	S
T	I	A	F	E	U	S	L	N	I	N	D	E
G	S	I	T	S	P	G	P	R	S	A	N	L
S	G	T	S	S	N	A	T	A	E	E	E	S
W	T	I	B	A	P	S	P	B	I	A	L	D
O	T	H	Y	E	R	W	N	E	V	B	E	R
B	B	E	R	R	I	E	S	E	R	O	E	A
P	A	R	W	C	I	T	S	A	L	P	T	C

68

E	R	T	S	U	Y	T	D	R	D	D	H	U
W	L	E	T	H	A	R	G	I	C	R	U	A
T	W	S	D	E	Y	E	Y	V	A	E	H	N
D	L	L	O	S	R	Y	F	E	Y	H	Y	W
U	E	A	D	A	I	A	R	H	Y	R	O	H
S	S	T	T	W	T	D	F	S	A	L	W	S
S	T	F	S	I	O	D	R	E	S	W	R	I
E	R	H	G	U	R	R	W	O	S	O	H	G
F	N	U	A	A	A	R	N	R	W	A	W	G
I	E	E	I	S	E	H	W	O	R	S	I	U
D	W	N	D	V	E	G	X	T	U	R	Y	L
R	E	V	O	I	I	R	R	E	O	T	O	S
D	Y	T	I	R	E	D	R	I	W	E	E	S

72

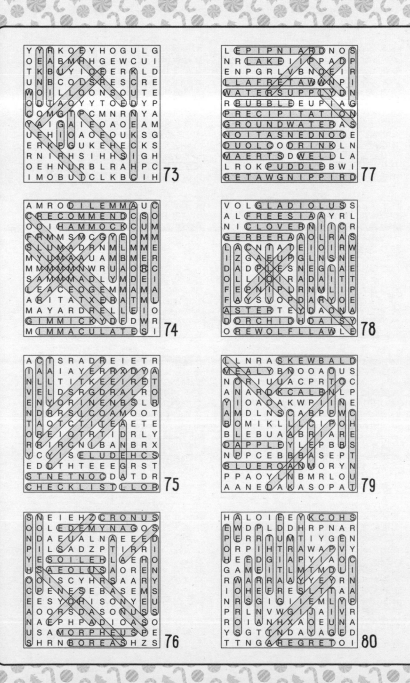

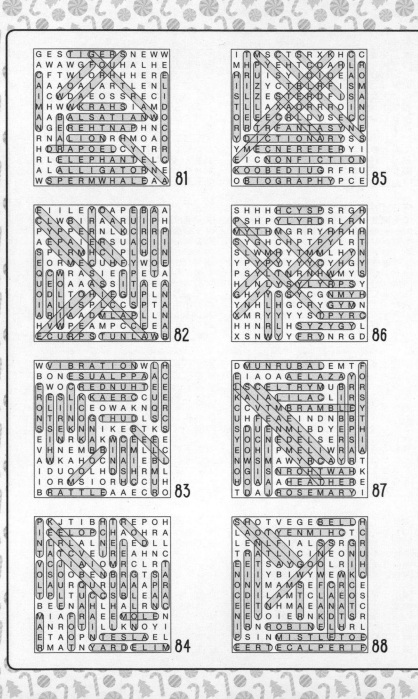

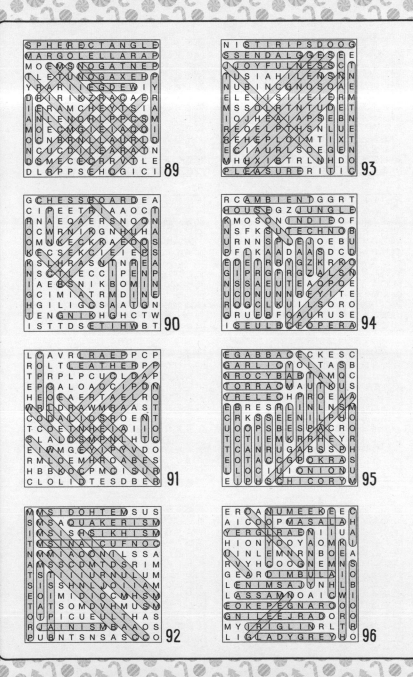

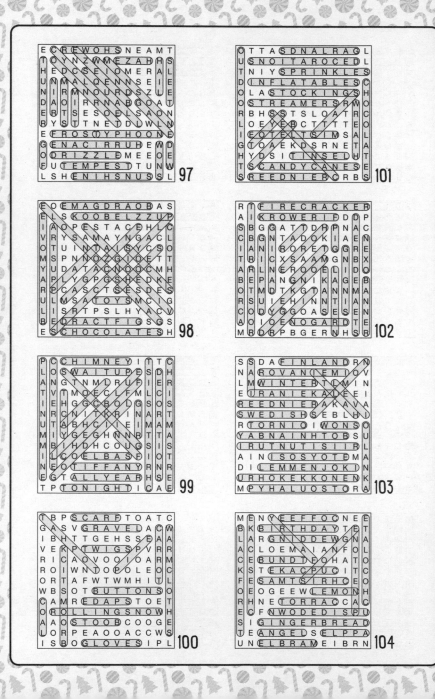

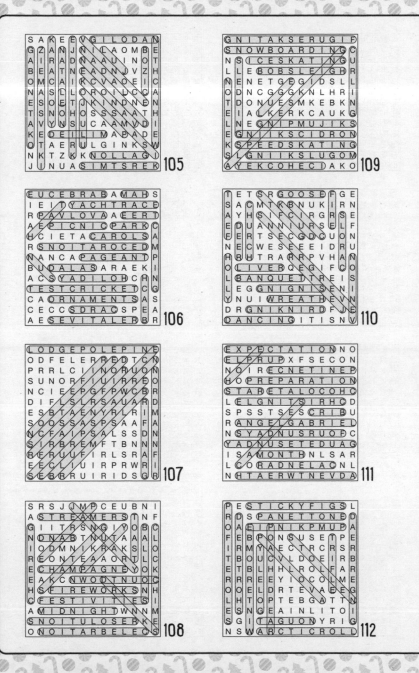

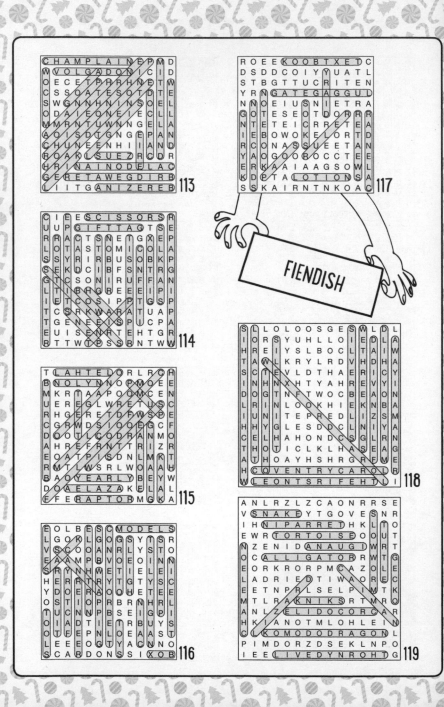

FIENDISH

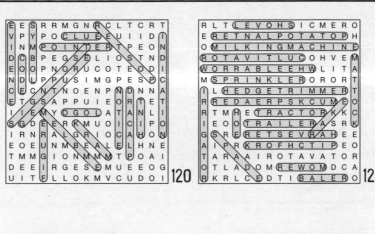
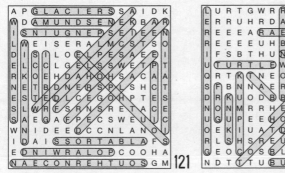
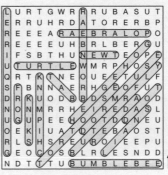
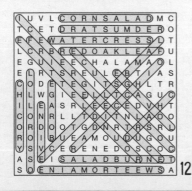
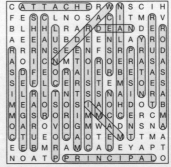

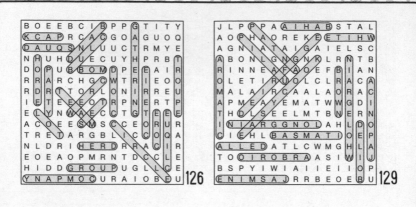

126

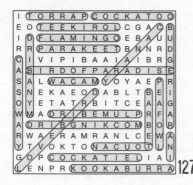

127

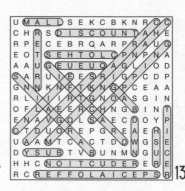

130

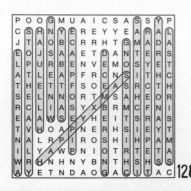

128

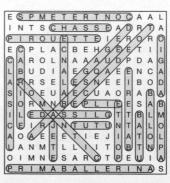

131

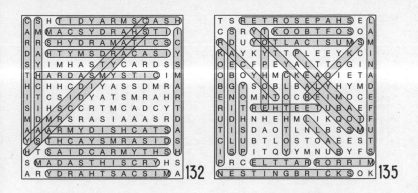

132

135

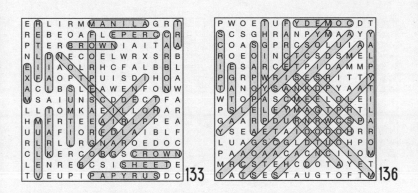

133

136

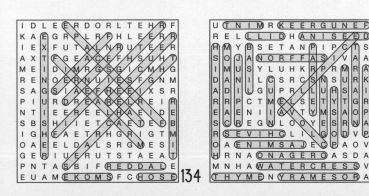

134

137

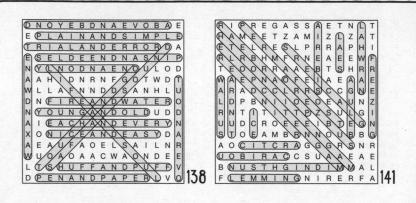
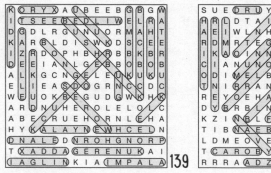
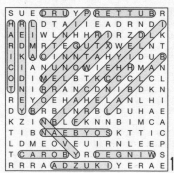
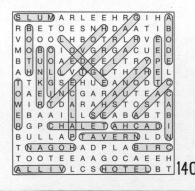
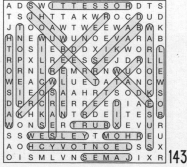

138

141

139

142

140

143

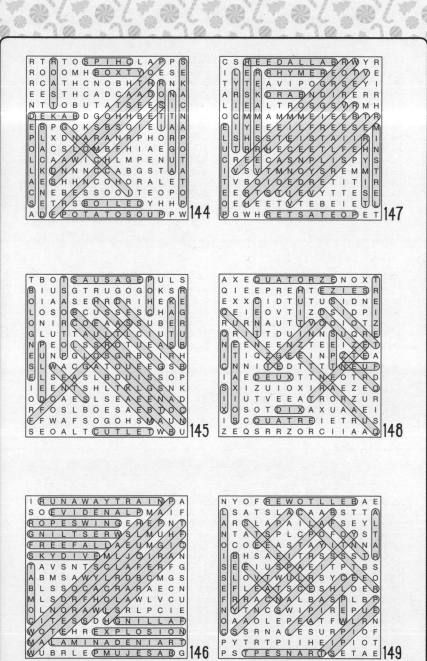

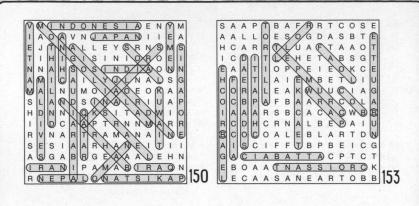

150

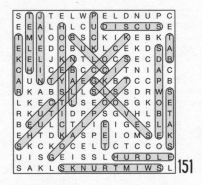

151

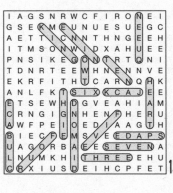

153

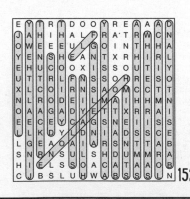

152

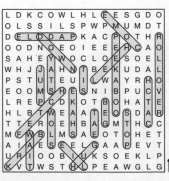

154

155

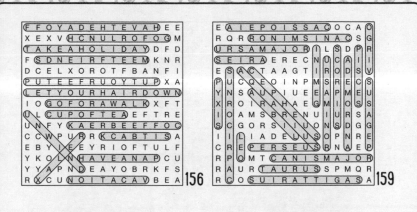

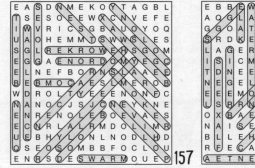

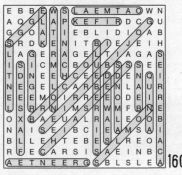

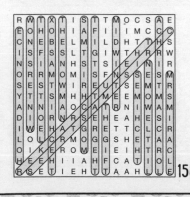

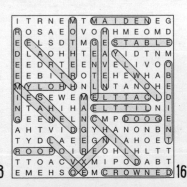

ARE YOU READY FOR YOUR NEXT CHALLENGE?

ISBN 9781780556185

ISBN 9781780556192

ISBN 9781780556208

ISBN 9781780555638

ISBN 9781780555935

ISBN 9781780555621

ISBN 9781780554730

ISBN 9781780554723

ISBN 9781780555409

ISBN 9781780553146

ISBN 9781780553078

ISBN 9781780553085

ISBN 9781780552491